Jasmina Hackl

Persönliche Assistenz und Lebensqualität bei körperlicher Behinderung

Herausforderungen und Schwierigkeiten

Diplomica Verlag GmbH

Hackl, Jasmina: Persönliche Assistenz und Lebensqualität bei körperlicher
Behinderung: Herausforderungen und Schwierigkeiten. Hamburg, Diplomica Verlag
GmbH 2014

Buch-ISBN: 978-3-95850-599-5
PDF-eBook-ISBN: 978-3-95850-099-0
Druck/Herstellung: Diplomica® Verlag GmbH, Hamburg, 2014

Bibliografische Information der Deutschen Nationalbibliothek:
Die Deutsche Nationalbibliothek verzeichnet diese Publikation in der Deutschen
Nationalbibliografie; detaillierte bibliografische Daten sind im Internet über
http://dnb.d-nb.de abrufbar.

Das Werk einschließlich aller seiner Teile ist urheberrechtlich geschützt. Jede Verwertung
außerhalb der Grenzen des Urheberrechtsgesetzes ist ohne Zustimmung des Verlages
unzulässig und strafbar. Dies gilt insbesondere für Vervielfältigungen, Übersetzungen,
Mikroverfilmungen und die Einspeicherung und Bearbeitung in elektronischen Systemen.

Die Wiedergabe von Gebrauchsnamen, Handelsnamen, Warenbezeichnungen usw. in
diesem Werk berechtigt auch ohne besondere Kennzeichnung nicht zu der Annahme,
dass solche Namen im Sinne der Warenzeichen- und Markenschutz-Gesetzgebung als frei
zu betrachten wären und daher von jedermann benutzt werden dürften.

Die Informationen in diesem Werk wurden mit Sorgfalt erarbeitet. Dennoch können
Fehler nicht vollständig ausgeschlossen werden und die Diplomica Verlag GmbH, die
Autoren oder Übersetzer übernehmen keine juristische Verantwortung oder irgendeine
Haftung für evtl. verbliebene fehlerhafte Angaben und deren Folgen.

Alle Rechte vorbehalten

© Diplomica Verlag GmbH
Hermannstal 119k, 22119 Hamburg
http://www.diplomica-verlag.de, Hamburg 2014
Printed in Germany

Vorwort

Für diese Masterarbeit war es mir besonders wichtig ein Thema zu wählen, das mich interessiert. Da ich selbst als persönliche Assistentin arbeite war für mich von Anfang an klar, dass ich für meine Masterarbeit ein Thema aufgreife, welches sich mit Persönlicher Assistenz und körperlicher Behinderung befasst. Diese Masterarbeit stellte eine große Herausforderung für mich dar, weil ich meine persönliche Sichtweise zum Thema Persönliche Assistenz erweitern musste. Es ging auch darum, einen kritischen Standpunkt zur Thematik zu gewinnen, was nicht sehr leicht gefallen ist, da ich durch meine eigenen Erfahrungen mit persönlicher Assistenz eine sehr positive Grundhaltung zur Thematik hatte.

Danken möchte ich hiermit allen, die mir bei der Erstellung dieser Masterarbeit behilflich waren. Insbesondere gilt mein Dank der „Erzherzog Johann Gesellschaft", die mich finanziell bei der Erstellung der Masterarbeit unterstützte.

Inhaltsverzeichnis

Vorwort I

Abstract VII

Zusammenfassung VIII

1. Einleitung 1
    1.1. Definitionen 3
        1.1.1. Selbstbestimmt Leben 3
        1.1.2. Persönliche Assistenz 3
        1.1.3. Der Kompetenzbegriff im Modell der persönlichen Assistenz 4
        1.1.4. Körperliche Beeinträchtigung / Behinderung 5
2. Theoretische Grundposition - Lebensqualität 8
    2.1. Begriffliche Dimensionen und Konzepte 9
    2.2. Philosophische Ansätze 12
    2.3. Gesundheitswissenschaftlicher Ansatz 13
    2.4. Lebensqualität und Behinderung 14
    2.5. Bezug zur Persönlichen Assistenz 18
3. Relevanz und Problemdarstellung 20
    3.1. Persönliches Budget in der Steiermark 24
    3.2. Kritische Überlegungen zum „Persönlichen Budget" 28
    3.3. Fremdbestimmung in Institutionen 31
    3.4. Fremdbestimmung durch Persönliche Assistenz 33
4. Forschungsfragen 35
5. Geschichtlicher Hintergrund der „Selbstbestimmt Leben" Bewegung 36
6. Methodik 38
    6.1. Methodische Grundposition – symbolischer Interaktionismus 38
    6.2. Forschungsdesign 39
        6.2.1. Erhebungsmethode: Das problemzentrierte Interview 39
        6.2.2. Begründung - Erhebungsmethode 40

- 6.3. Auswahlstrategie: Sampling 40
  - 6.3.1. Theoretisches Sampling 40
  - 6.3.2. Einschlusskriterien 41
  - 6.3.3. Ausschlusskriterien 41
- 6.4. Reflexion der Interviews 42
- 6.5. Datenanalyse 44
  - 6.5.1. Qualitative Inhaltsanalyse nach Mayring 44
  - 6.5.2. Begründung Datenanalyse 45
  - 6.5.3. Ablauf der zusammenfassenden Inhaltsanalyse 46
  - 6.5.4. Ablauf der Kategorienbildung 48
- 6.6. Grenzen der Untersuchung 50
7. Ergebnisse 52
- 7.1. Überblick über die InterviewpartnerInnen 52
  - 7.1.1. Demographische Daten 52
  - 7.1.2. Familie und Wohnsituation 53
  - 7.1.3. Behinderung 54
  - 7.1.4. Persönliche Assistenz 54
- 7.2. Ergebnisse aufgrund des Kategoriensystems 55
  - 7.2.1. Selbstbestimmung 55
  - 7.2.2. Gesundheit 58
  - 7.2.3. Fremdbestimmung 59
  - 7.2.4. Vorteile von Persönlicher Assistenz 62
  - 7.2.5. Nachteile, Schwierigkeiten und Herausforderungen bei einem Leben mit Persönlicher Assistenz 65
  - 7.2.6. Konfliktfelder Helfer – Empfänger 69
- 7.3. Interpretation der Kategorien im Sinne der Fragestellungen 71
- 7.4. Zusammenfassung der Ergebnisse 80
8. Schlussfolgerungen und Diskussion 81
9. Resümee 83

10.	Literaturverzeichnis	85
	10.1. Internetquellen	89
11.	Abbildungs- und Tabellenverzeichnis	90
12.	Anhang	91
	12.1. Interviewleitfaden	91

Abstract

Title: "I have my life back" Personal assistance and quality of life for the handicapped.

Objective: The subject of this thesis was to show the effects of the personal assistance in view of quality of life for the handicapped. Also the experiences physically disabled make with personal assistance were evaluated. Another aim was to clarify difficulties and challenges these people face with personal assistance. The theoretical background was about the quality of life with different approaches and particularly the quality of life with disability. **Methodology:** Eight problem-centered interviews with physically disabled were conducted. After a literal transcription these were evaluated with a summarizing content analysis. **Results:** Quality of life among physically disabled, who took part in this study, was strongly associated with self-determination. Leisure and living in their own homes were also important factors for their quality of life. The biggest challenges were the recruitment of staff, solving conflicts with the assistants and dealing with the authorities. **Conclusion:** Despite negative experiences and the recurring conflicts with personal assistance all interviewed physically disabled said that their quality of life had improved in contrast to the previous form of living.

Key words: quality of life, self-determination, physical disability, personal assistance,

Zusammenfassung

Titel:

„Ich habe mein Leben zurück"
Persönliche Assistenz und Lebensqualität bei körperlicher Behinderung

Zielsetzung: Diese Masterarbeit beschäftigt sich mit Persönlicher Assistenz und Lebensqualität bei körperlicher Behinderung. Ziel war es, neben den Erfahrungen, welche körperbehinderte Menschen mit Persönlicher Assistenz machen, vor allem Herausforderungen und Schwierigkeiten zu verdeutlichen. Theoretischer Bezugsrahmen war dabei die Lebensqualitätsforschung mit ihren unterschiedlichen Ansätzen, wobei insbesondere auf die Lebensqualität bei Behinderung eingegangen wurde. **Methodik:** Es wurden acht problemzentrierte Interviews mittels Leitfaden geführt. Nach einer wörtlichen Transkription wurden diese mittels zusammenfassender Inhaltsanalyse ausgewertet. **Ergebnisse:** Lebensqualität wird bei den körperlich behinderten Menschen, die an dieser Untersuchung teilnahmen, sehr stark mit Selbstbestimmung assoziiert jedoch auch Freizeit und das Leben in den eigenen vier Wänden gehören für die interviewten Personen zur Lebensqualität. Zu den größten Herausforderungen gehören für die interviewten Personen die Personalsuche, Konfliktlösung mit den AssistentInnen und der Umgang mit den Behörden. **Fazit:** Trotz der zum Teil negativen Erfahrungen mit Persönlicher Assistenz und der immer wieder auftretenden Konflikte die entstehen, gaben alle Interviewpartner an, dass sich ihre Lebensqualität im Gegensatz zur vorherigen Wohnform verbessert hätte.

Schlüsselwörter: Lebensqualität, Selbstbestimmung, körperliche Behinderung, Persönliche Assistenz

1. Einleitung

Im ersten Kapitel soll der Leser an die Thematik Persönliche Assistenz herangeführt werden, indem Ziel und Forschungsfragen sowie die wichtigsten Definitionen der Masterarbeit beschrieben werden. Im zweiten Kapitel wird die theoretische Grundposition – Lebensqualitätsforschung - durch verschiedene Ansätze beschrieben. Im Teil zur Relevanz und Problemdarstellung folgen Ausführungen zum Persönlichen Budget in der Steiermark sowie kritische Überlegungen dazu. Des Weiteren geht es um Fremdbestimmung in Institutionen sowie durch Persönliche Assistenz. Im Kapitel 4 werden nochmals die Forschungsfragen angeführt, welche sich aus den vorherigen Kapiteln ableiten. Anschließend folgt ein kurzer historischer Überblick zur „Selbstbestimmt-Leben-Bewegung". Kapitel 6 beschäftigt sich mit der Methodik dieser Masterarbeit. Es werden das Forschungsdesign mit Erhebungsmethode, die Auswahlstrategie mit Einschluss- und Ausschlusskriterien sowie eine Reflexion der Interviews angeführt. Abschließen wird dieses Kapitel die Beschreibung der Datenanalyse sowie die Grenzen der Untersuchung. Kapitel 7 widmet sich der Darstellung der Ergebnisse durch einen Überblick über die Interviewpartner, Ergebnisse aufgrund des Kategorienschemas sowie einer Interpretation des Kategorienschemas im Sinne der Forschungsfragen. Am Ende des Kapitels zu den Ergebnissen steht eine Zusammenfassung. Diese Masterarbeit schließt mit den Kapiteln Schlussfolgerung und Diskussion sowie einem Resümee ab.

„Wie Gesundheit, so hat auch „Selbstbestimmung" einen suggestiven Klang. Wer wollte nicht autonom leben, in Freiheit und Unabhängigkeit? Aktuell gilt der Begriff als zentrale Leitlinie der Behindertenpolitik" (Waldschmidt, 2003)

In Österreich besteht ein Konsens darüber, dass „ambulant vor stationär" stehen sollte. Für diese Arbeit wird ambulant so verstanden, dass Menschen mit körperlicher Behinderung in ihren eigenen vier Wänden mit Unterstützung von Persönlicher Assistenz leben können. Unter stationär wird in diesem Kontext ein Leben in institutionellen Einrichtungen verstanden. In der Realität zeigt sich noch immer häufig, dass diese Forderung nur auf dem Papier zu bestehen scheint.

„Für sich lebst sorgen können, das heißt, sein Leben selbstständig zu gestalten, unabhängig zu sein, eigene Entscheidungen zu treffen und nach ihnen zu handeln, kurz, das heißt Selbstbestimmung. In unserer Gesellschaft wird davon ausgegangen, dass behinderte Menschen nicht zur Selbstsorge fähig sind. Sie gelten als Objekte der Fürsorge und weniger als aktiv handelnde, vernünftige Subjekte. Denn schließlich leben sie häufig in personalen und strukturellen Abhängigkeiten, sind von professionellen Helfern umgeben und wohnen dauerhaft in institutionellen Zusammenhängen" (Waldschmidt, 2003).

Das Modell der Persönlichen Assistenz stellt eine Alternative für Menschen mit Behinderung dar um ein möglichst selbstbestimmtes Leben abseits von institutionellen Einrichtungen zu führen.

Diese Masterarbeit hat zum Ziel, aufzuzeigen welche positiven als auch negativen Erfahrungen in Bezug auf Lebensqualität und Gesundheit auftreten, wenn körperbehinderte Menschen sich für ein Leben mit Persönlicher Assistenz entscheiden. Persönliche Assistenz bedeutet ein hohes Maß an Organisation und stellt körperlich behinderte Menschen vor Herausforderungen, die sie täglich bewältigen müssen. Deshalb soll in dieser Masterarbeit insbesondere auf Probleme und Schwierigkeiten körperlich behinderter Menschen mit Persönlicher Assistenz eingegangen werden, um dadurch neue Wege aufzeigen zu können, dieses Modell zu verbessern und weiterzuentwickeln.

Die leitenden Forschungsfragen, die in dieser Masterarbeit beantwortet werden sollen und aufgrund des Konzepts Lebensqualität sowie durch die Problemdarstellung zur Behindertenpolitik in der Steiermark erstellt wurden, sind:

- Welche Erfahrungen machen körperbehinderte Menschen in Bezug auf Lebensqualität und Gesundheit mit Persönlicher Assistenz?
- Welche Hindernisse und Herausforderungen ergeben sich bei einem Leben mit Persönlicher Assistenz und wie gehen körperbehinderte Menschen mit Konfliktsituationen bei Assistenz um?
- Welche Bedürfnisse und Wünsche haben körperbehinderte Menschen bezüglich einer Verbesserung des Lebens mit Persönlicher Assistenz?

1.1. Definitionen

Um in weiterer Folge ein einheitliches Verständnis der verwendeten Begriffe zu bekommen, werden die wichtigsten Definitionen angeführt.

1.1.1. Selbstbestimmt Leben

Eine einheitliche Definition von Selbstbestimmung existiert nicht. Die „Selbstbestimmt Leben Bewegung" versteht den Begriff als Forderung gegen Diskriminierung, Fremdbestimmung und Aussonderung beeinträchtigter Menschen (vgl. Franz, 2002, S. 16).
„Im Kontext des Selbstbestimmt Leben Paradigmas verstehen sich behinderte Menschen als Expertinnen und Experten in eigener Sache, die die von ihnen benötigten Hilfen selbstbestimmt mittels Schaffung echter Wahlmöglichkeiten zur Gestaltung ihres Lebens in allen Bereichen organisieren wollen"(Franz, 2002, S. 15).

Steiner (1999) definiert Selbstbestimmung als „das Recht, seine Angelegenheiten selbst zu ordnen" (Steiner, 1999, S. 104).

In dieser Arbeit möchte ich den Begriff „Selbstbestimmtes Leben" als ein Grundrecht des Menschen verstehen, welches insbesondere körperlich behinderten Menschen ein von institutionellen Einrichtungen, sachlichen und personellen Zwängen unabhängiges Treffen von Entscheidungen ermöglichen soll.

1.1.2. Persönliche Assistenz

Persönliche Assistenz wird in dieser Arbeit als Hilfestellung zur Bewältigung des alltäglichen Lebens von behinderten Menschen verstanden. Fremdbestimmung soll dadurch möglichst reduziert und ein eigenständiges Leben ermöglicht werden. Der Assistenznehmer entscheidet eigenverantwortlich wann, wo und wie Hilfe benötigt wird. Die Art, der Umfang und Inhalt der Hilfeleistung durch einen Assistenten richtet sich nach dem individuellen Bedarf und der jeweiligen Lebenssituation der Assistenznehmer. Persönliche Assistenten ersetzen die körperliche Beeinträchtigung zum Beispiel Motorik eines behinderten Menschen. Der Lebensalltag in den eigenen vier Wänden wird von den behinderten Menschen selbst organisiert. Dadurch wird der Hilfeempfänger gleichzeitig zum Arbeitgeber, wenn es sich um das Arbeitgebermodell der persönlichen Assistenz handelt. Es besteht jedoch auch die

Möglichkeit sich den Hilfebedarf über Assistenzorganisationen (Verein, Genossenschaft) organisieren zu lassen. Je nach Organisationsform der Persönlichen Assistenz – Arbeitgebermodell oder Assistenzorganisation – ergeben sich mehr oder weniger Kompetenzen über die der körperbehinderte Mensch verfügen muss, wenn er/sie mit Persönlicher Assistenz leben möchte (vgl. Franz, 2002, S. 41ff).

Der Begriff „persönlich" soll verdeutlichen, dass die Assistenz sich an den Bedürfnissen der behinderten Person auszurichten hat und deren Vorstellung vom Leben. Es geht auch nicht in erster Linie um die Bereitstellung von pflegerischen Hilfen. Begriffe wie Pflege, Betreuung und Fürsorge bedeuten oft, dass die Betroffenen nicht in der Lage sind für sich selbst zu sorgen oder Entscheidungen im Alltag und in der Lebensplanung zu treffen (vgl. Österwitz, 1994).

1.1.3. Der Kompetenzbegriff im Modell der persönlichen Assistenz

Personalkompetenz:

Wenn das Arbeitgebermodell gewählt wird, werden auch die persönlichen AssistentInnen selbst angemeldet und es entsteht ein Arbeitsverhältnis, das unter Einhaltung des Arbeitsrechtes auch wieder beendet werden kann. Zur Personalkompetenz gehören die Personalsuche, die Anstellung und die Einschulung vor Ort des Assistenten.
„Die Ausübung der Personalkompetenz trägt im erheblichen Maße dazu bei, die Menschenwürde auf Hilfe angewiesener Menschen zu wahren und ihnen eine selbstbestimmte Lebensführung zu ermöglichen" (Franz, 2002, S. 41).
Wenn Persönliche Assistenz über eine Assistenzorganisation organisiert wird, steht den behinderten Menschen offen, ob sie selbst Assistenten auswählen möchten oder lieber aus dem Pool der Organisation Assistenten wählen.

Anleitungskompetenz

„Im Rahmen der Anleitungskompetenz leiten Assistenznehmer ihre persönlichen Assistenten entsprechend ihrer Bedürfnisse an und legen fest, welche Tätigkeiten wie zu leisten sind" (Franz, 2002, S. 41).
Dazu ist es notwendig genaue Arbeitsanweisungen zu geben, was voraussetzt, dass die Assistenznehmer sich über ihre eigenen Bedürfnisse und Wünsche im Klaren sind.

Organisationskompetenz

Organisationskompetenz umfasst die Erstellung von Dienstplänen, Festlegung des Arbeitsbereiches, des Arbeitsortes und des Arbeitsumfanges. Somit organisieren Assistenznehmer Art und Umfang ihrer Pflege und Unterstützung flexibel und selbstständig.

Finanzkompetenz

Die betroffenen körperbehinderten Menschen verfügung eigenverantwortlich über den Einsatz der finanziellen Mittel, indem sie beispielsweise mit dem Kostenträger abrechnen und ihre Assistenten selbst entlohnen. Die behinderten Arbeitgeber sind dementsprechend auch verpflichtet, sämtliche formale Pflichten zu erfüllen (vgl. Franz, 2002, S.42).

Im Rahmen des Arbeitgebermodelles müssen behinderte Menschen über alle vier Kompetenzen (Personal-, Anleitungs-, Organisations- und Finanzkompetenz) verfügen. Wird die Assistenz über eine Assistenzorganisation organisiert, können Personal- und Finanzkompetenz ausgelagert werden.

1.1.4. Körperliche Beeinträchtigung / Behinderung

Der Begriff der körperlichen Behinderung oder Beeinträchtigung ist ein viel diskutierter in der Fachliteratur. Darf man überhaupt von Behinderten sprechen oder ist es eher angebracht von „Menschen mit besonderen Bedürfnissen" zu sprechen? Menschen mit einer körperlichen Behinderung unterscheiden sich von anderen „normalen oder gesunden" Menschen meist nur durch einen Rollstuhl den sie fahren, haben jedoch dieselben Bedürfnisse wie andere Menschen auch. Deshalb wird in dieser Arbeit immer von Menschen mit körperlicher Behinderung die Rede sein.

Die Definition der WHO (World Health Organization) aus dem Jahr 1999 unterscheidet zwischen struktureller und funktionaler Schädigung (structural and functional impairments), und statt von Funktionsbeeinträchtigung (disability) ist die Rede von Aktivität (activity). Des Weiteren wurde der Begriff Behinderung (handicap) durch „participation" im Sinne der Teilhabe an der Gesellschaft ersetzt (Franz, 2002, S. 11).

„Der Behinderungsbegriff der ICF (International Classification of Functioning, Disability and Health) ist der Oberbegriff zu jeder Beeinträchtigung der Funktionsfähigkeit eines Menschen. Der Begriff der Funktionsfähigkeit eines Menschen umfasst alle Aspekte der funktionalen Gesundheit.

Eine Person ist funktional gesund, wenn vor dem Hintergrund ihrer Kontextfaktoren – (personen- und umweltbezogen):

1. ihre körperlichen Funktionen (einschließlich des mentalen Bereichs) und Körperstrukturen denen eines gesunden Menschen entsprechen (Konzepte der Körperfunktionen und -strukturen)
2. sie all das tut oder tun kann, was von einem Menschen ohne Gesundheitsproblem (ICD) erwartet wird (Konzept der Aktivitäten)
3. sie ihr Dasein in allen Lebensbereichen, die ihr wichtig sind, in der Weise und dem Umfang entfalten kann, wie es von einem Menschen ohne gesundheitsbedingte Beeinträchtigung der Körperfunktionen oder –strukturen oder der Aktivitäten erwartet wird (Konzept der Teilhabe)" (ICF Kurzversion zu Ausbildungszwecken, 2010).

„Behinderung im Sinne des Bundesgesetzes ist die Auswirkung einer nicht nur vorübergehenden körperlichen, geistigen oder psychischen Funktionsbeeinträchtigung oder Beeinträchtigung der Sinnesfunktionen, die geeignet ist, die Teilhabe am Leben in der Gesellschaft zu erschweren. Als nicht nur vorübergehend gilt ein Zeitraum von mehr als voraussichtlich sechs Monaten" (bizeps info online, 2011)

Einen weiteren Erklärungsansatz bieten die „Disability Studies". Darunter versteht man „Studien über oder zur Behinderung" (Waldschmidt 2003, S. 12, zitiert in Hermes, 2003, S. 15) oder „Behinderungswissenschaft" (Degener 2003, S. 23, zitiert in Hermes, 2003, S. 15). Ziel ist die gesellschaftliche Teilhabe aller Menschen mit Behinderung.

Disability Studies unterscheiden zwei Ansätze:

1. *Medizinische/individuelle Erklärungsansätze von Behinderung:*

Disziplinen wie Medizin, Psychologie und Heil- und Sonderpädagogik beschäftigten sich mit diesem Ansatz. „Behinderung wird als körperliche, psychische oder kognitive Abweichung von einem gesellschaftlichen Normalzustand verstanden" (Waldschmidt 2003, S. 15, zitiert in Hermes, 2003, S. 16). Behinderung ist hier Folge eines individuellen Problems (Krankheit, Vererbung, Unfall) und wird zum Hauptmerkmal des Individuums, hinter dem andere Merkmale und Eigenschaften zurücktreten.

Die Situation ist nicht änderbar und Behinderte werden wie Patienten behandelt. Waldschmidt schreibt hierzu: „Wie Patienten befinden sich auch die von Behinderung Betroffenen häufig in untergeordneten Positionen und machen Erfahrungen der Abhängigkeit und Herabwürdigung, sie sind von professionellen Helfern umgeben und leben in Krankenhäusern oder ähnlichen institutionellen Zusammenhängen. Kurz, wie Patienten sind auch behinderte Menschen schnell Objekt von Fürsorge und Paternalismus und gelten eher nicht als Wesen, die zur Selbstbestimmung fähig seien" (Waldschmidt 1999, S. 24, zitiert in Hermes 2003, S. 17).

2. *Soziales Modell von Behinderung:*

Dieses Modell ist Grundlage für die Disability Studies. Behinderung wird als sozial verliehener Status betrachtet.

Hauptprobleme behinderter Menschen seien ausgrenzende gesellschaftliche Bedingungen, eingeschränkter Zugang zu gesellschaftlicher Teilhabe und massive Vorurteile (vgl. Oliver 1996, S. 33; Priestley 2003, S. 26ff., zitiert in Hermes, 2003, S. 19). Verdeutlicht wird dieser Ansatz am Beispiel zweier Rollstuhlfahrerinnen mit denselben körperlichen Beeinträchtigungen. Die eine lebt in der Stadt – hier ist Barrierefreiheit eher gegeben und die zweite lebt am Land – wo kaum gesellschaftliche Teilhabe aufgrund von Barrieren möglich ist.

Es geht darum ein positives Bild von behinderten Menschen in der Öffentlichkeit zu erlangen und darum Barrieren gegenüber der gesellschaftlichen Teilhabe behinderter Menschen zu identifizieren und abzubauen.

2. Theoretische Grundposition - Lebensqualität

Der wissenschaftliche, somit theoretische Hintergrund, der für diese Masterarbeit leitend ist, ist das Konzept Lebensqualität.

Körperbehinderte Menschen befinden sich in einem Abhängigkeitsverhältnis, das durch Hilfe- und Pflegebedarf bestimmt ist, wodurch sich die subjektive Lebensqualität verändert. „Je höher der Grad der Hilfebedürftigkeit ist, desto stärker sinken Gesundheits- und Lebenszufriedenheit ab" (Weick, 2006, S. 14, zitiert in Oberholzer, 2013, S. 146). Es zeigt sich jedoch, dass sowohl positive sowie negative Lebensereignisse nur zu kurzfristigen Zufriedenheitsveränderungen führen. In diesem Zusammenhang spricht man vom Zufriedenheitsparadoxon. Wenn man die Lebensqualität von körperbehinderten Menschen erfassen möchte, muss davon ausgegangen werden, dass diese nicht schlechter bewertet werden muss als von körperlich gesunden Menschen. Schwierige Lebensumstände müssen nicht notwendigerweise zu einer schlechteren Bewertung des subjektiven Wohlbefindens bzw. der Lebenszufriedenheit führen. Das körperliche Funktionsvermögen ist zwar wichtig, jedoch nicht alleinige Komponente der Lebensqualität (vgl. Fröhlich et. al, 2010, S. 37). „Wenn Behinderte scheinbar paradox behaupten, sie seien nicht behindert, dann bezweifeln sie im Allgemeinen nicht das Vorliegen einer Schädigung sie können tatsächlich nicht hören, nicht gehen, haben Sprachstörungen. Sie bestreiten vielmehr, dass damit eine Einschränkung ihrer relevanten Handlungsmöglichkeiten bzw. eine Einschränkung ihrer Lebensqualität vorliegt" (Schramme, 2003, S. 180).

Menschen mit einer erheblichen körperlichen Behinderung erkennen häufig neue Sinn- und Wertvorstellungen, insbesondere in den Beziehungen zu anderen Menschen, den Erwartungen an das Leben und den neugewonnenen Fähigkeiten, Prioritäten zu setzen und Wichtiges von Unwichtigem zu unterscheiden (vgl. Fröhlich et. al, 2010, S. 37).

Menschen mit Behinderungen sind aufgrund ihrer Einschränkung auf permanente Kompensation bzw. Hilfsmittel angewiesen. So benötigen Querschnittsgelähmte einen Rollstuhl, um sich fortbewegen zu können. Darüber hinaus brauchen körperbehinderte Menschen Unterstützung im Lebensalltag welche sie durch Persönliche Assistenz bekommen können. „Die konkreten Lebensumstände spielen demnach eine gewichtige Rolle bei der Frage, wie ein Zustand zu beurteilen ist" (Schramme, 2003, S. 183).

2.1. Begriffliche Dimensionen und Konzepte

Die Anzahl der Zugänge zur Lebensqualität sind so vielfältig wie die individuellen Bedeutungen, der Menschen ihrer persönlichen Lebensqualität zuschreiben. Innerhalb von verschiedenen Kulturkreisen sowie je nach persönlicher Einstellung variiert die Lebensqualität, wodurch auch Schwierigkeiten bei der Messung auftreten. „Einige Konzepte gehen davon aus, dass Lebensqualität nur für einen einzelnen Menschen wirklich beschreibbar sei und damit zwischen verschiedenen Menschen nicht wirklich vergleichbar. Inzwischen besteht jedoch gute Evidenz dafür, dass unter der Voraussetzung gleicher Messinstrumente, auch etwas so subjektiv Empfundenes wie Lebensqualität zwischen unterschiedlichen Personen verglichen werden kann" (Pöllmann et. al, 2004, S. 154). Im Folgenden sollen verschiedene Ansätze und Definitionen erläutert werden.

Lebensqualität ist ein Begriff den man meint im Alltag leicht erklären zu können, allerdings wird der Begriff oft synonym mit Glück, Wohlbefinden und Zufriedenheit verwendet, was es schwierig macht, Lebensqualität zu definieren und abzugrenzen. Die Forschung zur Lebensqualität ist interdisziplinär angelegt und hat in den vergangenen Jahrzehnten an Bedeutung gewonnen. In vielen Bereichen der Medizin wird insbesondere die gesundheitsbezogene Lebensqualität herangezogen, um den Erfolg von Behandlungen zu evaluieren, während es in den Sozialwissenschaften vor allem um die subjektive Wahrnehmung von Lebensqualität geht. Dementsprechend wird in der wissenschaftlichen Diskussion der Lebensqualitätsbegriff äußerst heterogen verwendet.

Die WHO (World Health Organization) definiert Lebensqualität als:
„individual's perception of their position in life in the context of the culture and value systems in which they live and in relation to their goals, expectations, standards and concerns. It is a broad ranging concept affected in a complex way by the person's physical health, psychological state, level of independence, social relationships, personal beliefs and their relationship to salient features of their environment" (WHOQOL, 1997).

Die WHO versteht Lebensqualität als multidimensionales Konstrukt, das die subjektive (Selbst-)Wahrnehmung einer Person hinsichtlich ihrer Stellung im Leben in Relation zur Kultur und den Wertesystemen widerspiegelt. Darüber hinaus schließt dieser Ansatz die Ziele, Erwartungen, Maßstäbe und Anliegen der Person mit ein (vgl. Fröhlich et. al, 2010, S. 36).

Pöllmann et. al (2004, S. 154) verstehen die WHO Definition als „ein Arbeitskonzept, das in komplexer Weise beeinflusst wird durch die körperliche Gesundheit, den psychischen Zustand, den Grad der Unabhängigkeit, die sozialen Beziehungen und die hervorstehenden Eigenschaften der Umwelt".

Häufig wird die Lebensqualität als allgemeines Gefühl der Zufriedenheit beschrieben.
„Quality of life is a feeling of overall life satisfaction, as determined by the mentally alert individual whose life is being evaluated" (Meeberg, 1993, S. 37, zitiert in Oberholzer, 2013, S. 147).

Ein weiterer Zugang zum Begriff Lebensqualität ist die Aufgliederung in verschiedene Lebensbereiche. Zu den meist genannten Bereichen zählen das materielle, physische bzw. gesundheitsbezogene, soziale und das emotionale Wohlbefinden sowie konkrete Produktivitätsaspekte, Beziehungen und die Sicherheit.

„Quality of life is multidimensional in construct including physical, emotional, mental, social, and behavioral components" (Janes et al., 2004, S. 654, zitiert in Oberholzer, 2013, S. 148).

"Quality of life is defined as an overall general well-being that comprises objective descriptors and subjective evaluations of physical, material, social and emotional well-being together with the extent of personal development and purposeful activity, all weighted by a personal set of values" (Felce et al, 1995, S. 60, zitiert in Oberholzer, 2013, S. 148).

"Quality of life is a concept that reflects a person`s desired conditions of living related to eight core dimensions of one`s life: emotional well-being, interpersonal relationships, material well-being, personal development, physical well-being, self-determination, social inclusion, and rights" (Schalock, 2000, S. 121, zitiert in Oberholzer, 2013, S. 148).

Durch diese Definitionen wird sichtbar, dass Lebensqualität ein umfassendes Konzept darstellt, welches in fast allen Bereichen des Lebens eine Rolle spielt.

Einig ist sich die Wissenschaft darüber, dass Lebensqualität von objektiven Lebensbedingungen wie Einkommen oder materieller Sicherheit aber auch von subjektiven Aspekten wie individuellen Wünschen und Werten abhängt. Der Ansatz von Wolfgang Zapf und Wolfgang Glatzer (1984) stellt eine Synthese der objektiven Indikatoren und subjektiven Wahrnehmungen und Bedeutungen von Lebensqualität dar. Glatzer und Zapf definieren

Lebensqualität als, „[...] gute Lebensbedingungen, die mit einem positiven subjektiven Wohlbefinden zusammengehen" (Glatzer et. al, 1984, S. 23, zitiert in Oberholzer, 2013, S. 151). Glatzer und Zapf entwickelten das Modell der vier Wohlfahrtspositionen, welches objektive Lebensbedingungen und subjektives Wohlbefinden gegenüberstellt.

Wohlfahrtsdispositionen		Subjektives Wohlbefinden	
		gut	schlecht
Objektive Lebensbedingungen	gut	Well-being	Dissonanz
	schlecht	Adaption	Deprivation

Abbildung 1: Wohlfahrtspositionen nach Zapf (Zapf, 1984, S. 25, aus Oberholzer, 2013, S. 152)

Die Koinzidenz von guten Lebensbedingungen und positiven Wohlbefinden ist die erstrebenswerteste Kombination und wird als „Well-being" bezeichnet. Deprivation ist das genaue Gegenteil, hier treffen schlechtes Wohlbefinden und schlechte Lebensbedingungen aufeinander. Dissonanz - oder auch als Unzufriedenheitsdilemma bezeichnet - besteht, wenn trotz guter objektiver Lebensbedingungen Unzufriedenheit mit dem subjektiven Wohlbefinden besteht. Adaption hingegen ist die Kombination von schlechten Lebensbedingungen und einem guten subjektiven Wohlbefinden und ist gleichzusetzen mit dem Zufriedenheitsparadoxon (vgl. Noll, 2000, S. 11).

Ein weiterer Ansatz, der subjektive und objektive Lebensqualität verbindet, ist der „im Rahmen der „Comparative Scandinavian Welfare Study" entwickelte Lebensqualitätsansatz des finnischen Soziologen Erik Allardt (1973, 1993)" (Noll, 2000, S. 10).
Allardt (1973, 1993, zitiert in Noll, 2000, S. 10) hat ein breites Konzept von Lebensqualität entworfen, das sich auf einen „basic needs approach" stützt und drei Kategorien von Grundbedürfnissen unterscheidet:

Having:
In dieser Kategorie befinden sich Aspekte des Wohlstands bzw. die materielle Dimensionen des Lebensstandards wie zum Beispiel ökonomische Ressourcen, Wohnbedingungen, Beschäftigung, Arbeitsbedingungen, Gesundheit, Bildung und Umweltverhältnisse.

Loving:
Hierunter fallen alle Bedürfnisse nach Zugehörigkeit und sozialen Kontakten wie z.B. Nachbarschaft, Familie und Verwandtschaft, Freundschaftsbeziehungen, Kontakte am Arbeitsplatz sowie Aktivitäten und Beziehungen in Vereinen.

Being:

Hier geht es schließlich um Optionen, Beteiligung und Selbstverwirklichung zum Beispiel politische Aktivitäten, Einfluss- und Entscheidungsmöglichkeiten sowie Möglichkeiten zu sinnvoller Arbeit und Freizeitbetätigung (vgl. Noll, 2000, S. 10).

2.2. Philosophische Ansätze

Fragen, die sich mit der Lebensqualität von Menschen und Gesellschaften auseinandersetzen, haben bereits eine lange Geschichte, mit der sich sehr früh bereits große Denker beschäftigten.

Aristoteles geht davon aus, dass Menschen ihr ganzes Potential realisieren müssen um ein „gutes Leben" zu erreichen. Emanuel Kant hingegen postuliert, dass Menschen moralisch handeln müssen um in einer „guten Gesellschaft" zu leben (vgl. Diener & Suh, 1997, S. 189). In der Philosophie werden drei größere Ansätze zur Lebensqualität von Menschen und Gesellschaften unterschieden.

Der erste Zugang beschreibt Charakteristika eines guten Lebens nach normativen Idealen basierend auf Religion, Philosophie oder anderen Systemen. Zum Beispiel können Menschen, aufgrund ihrer religiösen Überzeugungen daran glauben, dass ein gutes Leben Hilfe für andere Menschen bedeutet. Dieser Zugang ist stark verbunden mit subjektiven Erfahrungen und Wünschen von Individuen und somit besonders relevant für die Identifikation von sozialen Indikatoren in den Sozialwissenschaften.

Der zweite Zugang definiert ein gutes Leben anhand der Befriedigung von Bedürfnissen. Menschen würden demnach nach Dingen streben, die ihre Lebensqualität verbessern. Die Lebensqualität einer Gesellschaft wird bei diesem Zugang danach festgelegt, ob Menschen sich die Dinge leisten können, welche sie sich wünschen. Dieser Ansatz zur Nützlichkeit oder dem guten Leben, basierend auf die Auswahlmöglichkeiten von Menschen, unterstützt vor allem das moderne ökonomische Denken.

Der dritte Ansatz zur Lebensqualität ist in Hinblick auf die Erfahrungen von Individuen zu sehen. Wenn eine Person ihr Leben als gut und lebenswert beschreibt, dann ist es auch so. Bei diesem Ansatz stehen Faktoren wie Freude und Zufriedenheit im Vordergrund und sind somit am relevantesten in der subjektiven Lebenszufriedenheit-Tradition der Verhaltenswissenschaften (vgl. Diener & Suh, 1997, S. 190).

2.3. Gesundheitswissenschaftlicher Ansatz

In den Gesundheitswissenschaften wird gesundheitsbezogene Lebensqualität im Zusammenhang mit dem Befinden und dem Handlungsvermögen von Personen mit Einschränkungen gesehen. „Gesundheitsbezogene Lebensqualität ist ein multidimensionales Konstrukt, das körperliche, emotionale, mentale, soziale, spirituelle und verhaltensbezogene Komponenten des Wohlbefindens und der Funktionsfähigkeit (des Handlungsvermögens) aus der subjektiven Sicht der Betroffenen beinhaltet" (Pöllmann et. al, 2004, S. 154).

Nach Schumacher et. al (zitiert in Fröhlich et. al, 2010, S. 36) und Pöllmann et. al (2004, S. 154) spielen vier Dimensionen eine besondere Rolle:

1. Krankheitsbedingte körperliche Beschwerden, die von vielen Patienten als primäre Ursache für Einschränkungen der Lebensqualität betrachtet werden
2. Psychische Verfassung (u. a. allgemeines Wohlbefinden, Lebenszufriedenheit und emotionale Befindlichkeit)
3. Krankheitsbedingte funktionale Einschränkungen im alltäglichen Leben (Beruf, Haushalt, Freizeit etc.)
4. Ausgestaltung zwischenmenschlicher Beziehungen und sozialer Interaktionen sowie diesbezügliche Einschränkungen

Demnach kann gesundheitsbezogene Lebensqualität anhand einer Vielzahl von Dimensionen stattfinden und analysiert werden. Im Einzelnen:

- Emotional well-being: hierzu gehören Sicherheit, ein stabiles und vorhersagbares Umfeld sowie positives Feedback durch Andere
- Interpersonal relations: sich in einer Gemeinschaft aufgenommen fühlen sowie geregelte Beschäftigung
- Personal development: Ausbildung und zielgerichtete Aktivitäten einer Person
- Physical well-being: Gesundheitsfürsorge, Mobilität, Wohlgefühl und gesunde Ernährung
- Self-determination: Wahlmöglichkeiten, persönliche Kontrolle, Entscheidungen und persönliche Zielsetzung
- Social inclusion: ungezwungene Unterstützung, integrierendes Umfeld und Partizipation am gesellschaftlichen Leben

- Rights: Recht auf Besitz und Privatsphäre, eine rechtliche Prozessordnung und eine barrierefreie Umgebung (vgl. Fröhlich et. al, 2010, S. 36).

2.4. Lebensqualität und Behinderung

„Menschenleben ist wesenhaft gekennzeichnet durch permanente selbstbestimmte Einflussnahme auf das eigene Wohlbefinden. Mit der Realisierung seines Autonomiepotenzials verwirklicht der Mensch seine Existenz. Dies gilt für alle Menschen gleich. Menschen mit – sehr schweren –Behinderungen machen keine Ausnahme" (Hahn, 2008).

Das Konzept Lebensqualität gilt als Schlüsselkonzept wenn es darum geht Untersuchungen auf die Wirkung von professionellen Hilfesystemen, wie es auch die Persönliche Assistenz darstellt, auf die Lebenslagen von Menschen mit Behinderung anzustellen.

Nach Hennessey & Mangold (2012) ergänzt das Konzept Lebensqualität das objektive Bild der Behinderung der „International Classification of Functioning, Disability and Health (ICF) der WHO. Ein Zusammenspiel von guten Lebensbedingungen mit einem positiven Wohlbefinden kann als Fortführung des Normalisierungsprinzips, welches auf die objektiven Lebensbedingungen abzielt, gesehen werden.

Hennessey & Mangold (2012) betonen, dass neben den objektiven Lebensbedingungen vor allem subjektive Faktoren an der Entstehung von Lebensqualität beteiligt sind. Empowerment-Prozesse und das Instrument des Persönlichen Budgets, würden durch das Konzept Lebensqualität unterstützt, da es die Sicht des Menschen mit Behinderung in den Mittelpunkt stellt. Damit kann die Schlussfolgerung gezogen werden, dass objektive und vor allem subjektive Faktoren der Lebensqualität bei Menschen mit Behinderung von besonderer Bedeutung sind.

Die vier universalen subjektiven Faktoren, welche einen hohen Einfluss auf die Lebensqualität der Menschen mit Behinderung haben, wurden der Selbstbestimmungstheorie von Deci & Ryan entnommen und im Rahmen der Entwicklung des Konzeptes Lebensqualität (kLQ) ermittelt:

Kompetenzerleben: das Gefühl, etwas aus eigener Kraft bewegt zu haben

Autonomie: bedeutet, über seine Belange selber entscheiden zu können und geht einher mit Wahlfreiheit und Selbstbestimmung.

Soziale Eingebundenheit: man kann mit Menschen zusammen sein, die einem was bedeuten

Sinn: bedeutet, das zu realisieren, was für einen Menschen wertvoll ist (vgl. Hennessey & Mangold, 2012, S. 32).

Lebensqualität	
Objektive Faktoren	**Subjektive Faktoren**
• Körperlicher Zustand	• Sinn
• Selbstständigkeit	• Partizipation
• Einkommen	• Autonomie/Selbstbestimmung
• Sozialer Status	• Kompetenzwahrnehmung
• Privatsphäre (Wohnen)	•

Tabelle 1: Das kLQ-Wirkmodell: Wie entsteht Lebensqualität?/proEval 2010, eigene Darstellung, entnommen, Hennessey, R, Mangold, R, 2012, S. 32

„Wesentlicher Bestandteil des Konzepts Lebensqualität sind die Aussagen der NutzerInnen der Angebote zu ihrer Zufriedenheit mit den jeweils gegebenen Bedingungen" (Seifert, 2006) Seifert orientiert sich in ihrem Konzept zur Lebensqualität an Flece & Perry (1997, zitiert in Seifert, 2000, S. 17) welches objektive Lebensbedingungen und subjektives Wohlbefinden integriert. Demnach, definiert Seifert (2006) Lebensqualität als „ein umfassendes Konzept, das objektive Lebensbedingungen und die subjektive Zufriedenheit integriert - unter besonderer Berücksichtigung der persönlichen Werte und Ziele. Diese sind geprägt durch biographische, kulturelle, alters-, geschlechtsspezifische und behinderungsbedingte Aspekte sowie Persönlichkeitsmerkmale und die aktuelle Lebenssituation. Die Zufriedenheit bemisst sich an der Erfüllung individueller Bedürfnisse und findet in subjektivem Wohlbefinden ihren Niederschlag"(Seifert, 2006). Dieses Wohlbefinden ist nicht gleichzusetzen mit einem nur vage beschreibbaren 'Wohlgefühl'. Es kann in fünf Komponenten differenziert werden, die miteinander in Wechselwirkung stehen (vgl. Seifert, 2000, S. 17).

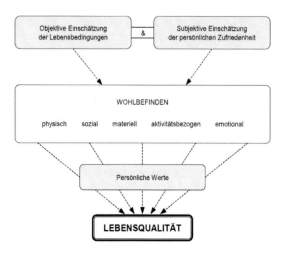

Abbildung 2: Bezugsrahmen zu Erforschung von Lebensqualität (in Anlehnung an Felce & Perry 1997, zitiert in Seifert, 2000, S. 18)

Die einzelnen Komponenten von subjektiven Wohlbefinden (physisch, sozial, materiell, aktivitätsbezogen, emotional) können für körperbehinderte Menschen folgendermaßen präzisiert werden (vgl. Seifert, 2000, S. 18).

Physisches Wohlbefinden bezieht sich vor allem auf die physiologischen Bedürfnisse eines Menschen. Wesentliche Elemente sind Gesundheit, eine angemessene Körperpflege und Ernährung, Bewegung und Entspannung sowie Sicherheit vor Verletzungen. Physisches Wohlbefinden resultiert nicht nur aus einzelnen fachgerecht durchgeführten pflegerischen oder therapeutischen Maßnahmen, sondern aus der gesamten Gestaltung der Tagesstruktur unter Berücksichtigung physischer Bedürfnisse. Soziale und emotional Aspekte sowie das Erfahren eigener Kompetenzen durch Mitwirken und Selbstbestimmung sind integrale Bestandteile der Interaktion. Das physische Wohlbefinden gilt als wichtige Bedingung für Entwicklung und Aktivität in anderen Lebensbereichen.

Soziales Wohlbefinden gründet sich auf die Qualität und Quantität sozialer Kontakte und auf das Erleben von Akzeptanz im Wohnbereich und im nachbarschaftlichen Umfeld. Zentrale Aspekte sind Interaktion, Kommunikation und Dialog, Beziehung sowie Partizipation am Leben der Gemeinschaft und am öffentlichen Leben.

Das **aktivitätsbezogene Wohlbefinden** impliziert Aspekte von Entwicklung und Aktivität in den Bereichen Wohnen, Arbeit, Freizeit und Bildung. Dazu gehören die Erweiterung von Kompetenzen zur Bewältigung des Alltags im Sinne einer Stärkung der Kontrolle über das eigene Leben sowie die Persönlichkeitsbildung und Identitätsfindung. Stichworte sind: Eigenaktivität, Selbstbestimmung, Wahlmöglichkeiten, Mitwirkung.

Materielles Wohlbefinden steht in Zusammenhang mit materiellen Ressourcen, die zur Befriedigung der individuellen Bedürfnisse notwendig sind. Aus ökologischer Perspektive sind hier unter anderem die räumlichen Bedingungen, die Ausstattung, persönlicher Besitz, die Lage der Einrichtung und die Infrastruktur im Umfeld von Belang. Entscheidend für das Wohlbefinden sind die subjektive Bedeutsamkeit der materiellen Gegebenheiten und die Möglichkeiten, sie zu nutzen.

Emotionales Wohlbefinden zeigt sich in Gefühlen wie z.B. Zufriedenheit, Freude, Stolz, Enttäuschung, Wut und Trauer. Gewohnheiten und Vorlieben tragen zu Gefühlen der Geborgenheit und Sicherheit bei. Wesentliche Voraussetzungen für das emotionale Wohlbefinden sind befriedigende zwischenmenschliche Beziehungen und das Gefühl, Wertschätzung zu erfahren und selbst etwas bewirken zu können. Auch die Sexualität ist in diesem Kontext von Bedeutung (Seifert, 2000, S. 18ff.).

Wichtig ist für Seifert, dass die einzelnen Komponenten auf den jeweiligen Personenkreis abgestimmt werden. Es geht darum herauszufinden, was für den einzelnen Menschen von Bedeutung ist, denn nur so kann etwas zur Lebensqualität beigetragen werden.

Im (Wohn-)Alltag körperlich behinderter Menschen spielt Selbstbestimmung eine große Rolle. Nach Seifert (2006) geht es darum Möglichkeiten zu schaffen:

- „individuelle Bedürfnisse zu erkennen,
- die eigenen Kräfte, Fähigkeiten und Ressourcen zu entdecken,
- das Leben selbst zu gestalten,
- sich für die eigenen Rechte und Interessen einzusetzen und
- größtmögliche Kontrolle über das eigene Leben zu erlangen".

„Die subjektive Perspektive des behinderten Menschen rückt hier in den Mittelpunkt: Er ist nicht mehr Objekt wohlwollender Fürsorge, sondern Akteur im Kontext seiner Lebensplanung und Alltagsgestaltung. Er ist nicht mehr Empfänger von Hilfen, sondern Nutzer von Dienstleistungen"(Seifert, 2006).

2.5. Bezug zur Persönlichen Assistenz

Für diese Masterarbeit war es wichtig, die verschiedenen Zugänge zum Begriff der Lebensqualität allgemein aufzuzeigen um schließlich auf die Bedeutung für behinderte Menschen einzugehen. Es zeigt sich dabei, dass die subjektive Einschätzung der Lebensqualität von Betroffenen selbst, eine entscheidende Rolle spielt. Für diese Arbeit dient das Modell von Seifert als wesentlicher Bezugsrahmen. Es soll nun der Versuch unternommen werden, die Komponenten – physisch, sozial und aktivitätsbezogen – auf das Modell der Persönlichen Assistenz zu beziehen, da gerade bei diesen Komponenten Persönliche Assistenz einen wesentlichen Einfluss auf das Leben von körperbehinderten Menschen haben kann.

1. Physisches Wohlbefinden: Persönliche Assistenz sorgt dafür, dass körperbehinderte Menschen eine Tagesstruktur unter Berücksichtigung von physischen Bedürfnissen erhalten. Dabei steht die Selbstbestimmung der behinderten Menschen im Vordergrund. Sie entscheiden beispielsweise selbst, wann und wie sie essen wollen oder zu Bett gehen möchten. Persönliche AssistentInnen verfügen jedoch nicht über eine fachspezifische Ausbildung und könnten deshalb mit den Anforderungen an Pflege, die ein behinderter Mensch benötigt, überfordert sein. Hierbei ist der Schweregrad der Behinderung zu berücksichtigen.

2. Soziales Wohlbefinden: Eine weitere Funktion der Persönlichen Assistenz ist die Gestaltung sozialer Interaktionen von behinderten Menschen. Mobilität spielt hier eine entscheidende Rolle, indem die Persönliche Assistenz dazu beiträgt, dass körperbehinderte Menschen mit anderen Menschen in Kontakt treten können. Persönliche Assistenz bedeutet jedoch auch ein gravierender Einschnitt in das Privatleben einer behinderten Person und kann dazu führen, dass sich Menschen mit Behinderung eher eingeengt fühlen durch die ständige Anwesenheit einer zweiten Person.

3. Aktivitätsbezogenes Wohlbefinden: Vor allem im Lebensbereich Wohnen und Freizeit übernimmt Persönliche Assistenz eine wichtige Rolle. Persönliche Assistenz kann dazu

eingesetzt werden, körperbehinderten Menschen größtmögliche Kontrolle über ihr eigenes Leben zu geben. Dabei ist es wichtig, dass auf die Selbstbestimmung, Eigenaktivität und Wahlmöglichkeit von körperbehinderten Menschen Rücksicht genommen wird.

Bei den beschriebenen Komponenten kommt es immer zu einem Abhängigkeitsverhältnis gegenüber den persönlichen AssistentInnen, dessen sich die behinderten Menschen mehr oder weniger bewusst sind. Dadurch kann das Maß an Selbstbestimmung und daraus folgernd die Lebensqualität der betroffenen Personen negativ beeinflusst werden.

3. Relevanz und Problemdarstellung

Im folgenden Kapitel soll auf die aktuelle Situation der behinderten Menschen in Österreich und insbesondere in der Steiermark eingegangen werden. Das Persönliche Budget welches es in der Steiermark seit der Gesetzesnovelle 2011 gibt, wird beschrieben und anschließend kritisch hinterfragt. Abschließend wird auf die Fremdbestimmung in Institutionen sowie durch Persönliche Assistenz eingegangen.

Artikel 19 der Behindertenrechtskonvention aus dem Jahr 2008 beschreibt das Recht von Menschen mit Behinderung auf ein selbstbestimmtes Leben und die Teilhabe an der Gesellschaft. Darin heißt es:
„States Parties to the present Convention recognize the equal right of all persons with disabilities to live in the community, with choices equal to others, and shall take effective and appropriate measures to facilitate full enjoyment by persons with disabilities of this right and their full inclusion and participation in the community, including by ensuring that:
- Persons with disabilities have the opportunity to choose their place of residence and where and with whom they live on an equal basis with others and are not obliged to live in a particular living arrangement;
- Persons with disabilities have access to a range of in-home, residential and other community support services, including personal assistance necessary to support living and inclusion in the community, and to prevent isolation or segregation from the community;
- Community services and facilities for the general population are available on an equal basis to persons with disabilities and are responsive to their needs"(Article 19 UN-Behindertenrechtskonvention, 2008).

Österreich hat die UN-Behindertenrechtskonvention 2008 ratifiziert und verpflichtet sich dadurch auch zur Umsetzung und den damit verbunden Kontrollen. Österreich muss nun im Abstand von zwei Jahren einen Bericht über die getroffenen Maßnahmen und Fortschritte zur Umsetzung der Konvention vorlegen (vgl. BMASK, 2010, S. 1)

Von mehreren Experten wird dieser erste Bericht kritisiert. Flieger (2011) kritisiert die österreichische Politik darin, dass es keine gezielten Maßnahmen geben würde, die vorbeugen, dass behinderte Menschen in Einrichtungen kommen oder dort verbleiben. Außerdem wird die schlechte Datenlage darüber, wie öffentliche Gelder im Bereich des Wohnens für Menschen mit Behinderung eingesetzt werden, kritisiert. Explizit nennt Flieger

(2011), große Pflegezentren, wie etwa das in Kainbach mit ca. 600 behinderten und alten Menschen (vgl. Flieger, 2011, S. 4), wo jedoch keine Daten über die Lebenssituation von Menschen mit Behinderung vorliegen.

Der Bericht „Persönliche Assistenz als Ausweg aus der institutionellen Segregation von Menschen mit Behinderungen" von Stockner (2011) legt offen, dass es in Österreich kaum aussagekräftige Daten oder Zahlen zu Menschen mit Behinderung, welche in institutionellen Wohnformen leben, vorhanden sind. Im Behindertenbericht von 2008 sind nur Angaben bezüglich der Zahl an Plätzen in Pflege- und Altenheimen zu finden (vgl. Stockner, 2011, S. 4). Dies wirft die Frage auf, wie es möglich sein soll, eine bedarfsgerechte Versorgung mit Gemeinwesen orientierten Unterstützungssystemen wie Persönlicher Assistenz zu gewährleisten, wenn auf Bundesebene keine Platzzahlen über Behindertenheime vorliegen.

Österreich hat sich zum Prinzip „ambulant vor stationär" bekannt, jedoch wird davon ausgegangen, dass derzeit etwa 15.000 Menschen mit Behinderung in Wohneinrichtungen der Behindertenhilfe bzw. in Alten- und Pflegeheimen leben (vgl. Stockner, 2011, S. 3).

„Mit Persönlicher Assistenz leben in Österreich nur etwas mehr als 1.000 Menschen und die Ausgaben der öffentlichen Hand für Maßnahmen der institutionellen Segregation übersteigen jene für betreutes Wohnen bzw. Persönliche Assistenz um ein Vielfaches. Die Gründe dafür, dass in Österreich keine konsistente Strategie zur planvollen Deinstitutionalisierung von Menschen mit Behinderung existiert, liegen u.a. in der föderalen Zersplitterung der behindertenpolitischen Kompetenzen zwischen Bund und Ländern" (Stockner, 2011, S. 3).

Ein zentraler Aspekt, der für diese Masterarbeit von Bedeutung ist, beschäftigt sich mit der Frage, welche Erfahrungen Menschen mit körperlicher Behinderung bezogen auf Lebensqualität und Gesundheit mit Persönlicher Assistenz machen. Neuere Forschungsergebnisse, welche Persönliche Assistenz Projekte evaluiert haben, kamen zum Schluss, dass dieses Modell unter anderem
„die Lebensqualität behinderter Menschen signifikant verbessert und empfehlen dringend, dass diese Dienstleistungen fortgesetzt bzw. weiter ausgebaut werden sollten. Ein bemerkenswertes Detailergebnis ist, dass sich Persönliche Assistenz positiv auf den Gesundheitszustand von Menschen mit Behinderung auswirkt und daher die Ausgaben für medizinische Behandlungen gesenkt werden können" (Flieger, 2011, S. 5).
Eine Untersuchung aus den USA zeigt, dass Menschen mit Behinderung typischerweise einen schlechteren Gesundheitszustand haben, in der Regel früher sterben und Barrieren, wenn es

um Gesundheitsvorsorge geht, begegnen. Im Vergleich zur Mehrheitsbevölkerung leiden Menschen mit Behinderung häufiger an Diabetes und psychischen Erkrankungen wie Depression und Angstzuständen (vgl. Horner-Johnson et.al, 2011, S. 254).

In dieser Studie wurde ein „Healthy Lifestyles workshop" bei 95 Teilnehmern mit körperlicher Behinderung (beendeten alle Workshops) anhand folgender Prinzipien durchgeführt:

- Integrierter Ansatz welcher Gesundheit als multidimensional definiert und das Gleichgewicht zwischen den Dimensionen fördert
- Selbstbestimmung, und der Grundsatz, dass Menschen mit Behinderungen die Möglichkeit zur Wahl, Kontrolle, Verantwortung und Rechenschaftspflicht für ihre Lifestyle-Entscheidungen und Handlungen haben
- Es geht hauptsächlich um eine Verbesserung des Gesundheitszustandes und nicht um die Prävention von Krankheiten
- Grundlage bildet die „social-cognitive theory" bei welcher die Betonung auf Kenntnisse und Fähigkeiten liegt, die Selbstwirksamkeit für den Eingriff in bestimmte Verhaltensweisen zu erhöhen (vgl. Horner-Johnson et al., 2011, S. 255).

Das „Healthy Lifestyles" Programm bestand aus einem zweieinhalbtägigen Workshop, gefolgt von einem zweistündigen monatlichen Selbsthilfegruppenmeeting. Die Effektivität wurde mit Hilfe einer Kontrollgruppe, welche nicht an den Workshops und den Selbsthilfegruppenmeetings teilnahm, gemessen. Die Ergebnisse zeigen, dass sich der Gesundheitszustand bei den Teilnehmern am Workshop und den monatlichen Selbsthilfegruppenmeetings signifikant verbesserte (vgl. Horner-Johnson et al., 2011, S. 256 ff.)

Eine weitere Studie aus Deutschland, durchgeführt von Fröhlich et. al. (2010), kommt zum Schluss, dass sich Menschen, die an einer körperlichen Behinderung leiden, hinsichtlich der Wahrnehmung ihrer Lebensqualität von Gesunden unterscheiden. Bei der Energie zum täglichen Leben und der Leistung bei Alltagsverrichtungen sowie bei der Qualität ihrer sozialen Beziehungen fühlen sie sich eingeschränkt (vgl. Fröhlich et. al, 2010, S. 35)

In Österreich herrscht noch immer ein Rehabilitationsparadigma vor, welches auch von der Gesellschaft unterstützt und anerkannt wird. Allerdings ist in den letzten Jahren ein Paradigmenwechsel zu beobachten der hauptsächlich durch Betroffene selbst vorangetrieben wird. Von der Politik wurde dies ebenfalls erkannt und in der Steiermark gibt es seit kurzem die Möglichkeit, Persönliches Budget zu beantragen, was durchaus als Fortschritt in Richtung Selbstbestimmung gesehen werden kann.

„Stand bislang das Anliegen, Menschen mit Behinderungen ein möglichst umfassendes „Versorgungsnetz" an Institutionen anzubieten, im Mittelpunkt der gewachsenen Unterstützungsangebote, so lässt sich seit einigen Jahren eine Verschiebung hin zur „Nachfrageseite" erkennen. Dabei sollen Menschen mit Behinderung eine aktivere Rolle in der Gestaltung und Planung der Unterstützungsleistungen eingeräumt werden: „War der Umgang mit von Behinderung betroffenen Menschen bisher vom Gedanken der Fürsorge geprägt, löst sich das traditionelle Dreiecksverhältnis von Leistungsträger, Leistungserbringer und Leistungsberechtigter (...) nun auf (WIR 2/2005, S. 6, zitiert in Kastl & Meyer, 2007, S. 1). Das Persönliche Budget zielt entsprechend darauf ab, Menschen mit Behinderung eine Möglichkeit in die Hand zu geben, selbst entscheiden zu können, wie diese Unterstützung wahrgenommen und organisiert werden soll. Insgesamt geht es also um mehr Selbstbestimmung"(Kastl & Meyer, 2007, S 1). .

Die Relevanz für diese Masterarbeit ergibt sich zusammenfassend daraus:

- dass die Behindertenrechtskonvention noch nicht vollständig umgesetzt wird. In Artikel 19 wird das Recht von Menschen mit Behinderung auf ein selbstbestimmtes Leben und die Teilhabe an der Gesellschaft beschrieben. Beide Aspekte leisten auch einen wesentlichen Beitrag zur Lebensqualität und müssen stärker ins Bewusstsein der Gesellschaft integriert werden.
- dass Österreich kaum aussagekräftige Daten oder Zahlen zu Menschen mit Behinderung, welche in institutionellen Wohnformen oder mit Persönlicher Assistenz leben, vorliegen. Bisherige Untersuchungen zur Lebensqualität von behinderten Menschen gehen hauptsächlich auf die positiven Veränderungen durch persönliche Assistenz ein. Ziel dieser Masterarbeit soll jedoch unter anderem sein, die Herausforderungen und Schwierigkeiten, welche durch Persönliche Assistenz entstehen, aufzuzeigen.
- dass zwar von einem Paradigmenwechsel hin zu mehr Mitgestaltung und Selbstbestimmung gesprochen wird, wie jedoch die tatsächliche Umsetzung in der Steiermark durch Persönliches Budget aussieht, ist zum jetzigen Zeitpunkt noch nicht absehbar. Es gibt noch keine Evaluationen zum Modell Persönliche Assistenz in der Steiermark, welche auch die Lebensqualität der betroffenen Menschen in den Fokus rückt.

3.1. Persönliches Budget in der Steiermark

In Österreich existieren keine einheitlichen Regelungen bezüglich der Finanzierung und Leistungserbringung im Behindertenbereich. Im Folgenden soll die aktuelle Situation in der Steiermark beleuchtet werden.

In § 22a (6) des Steiermärkischen Behindertengesetz aus dem Jahr 2004 wird persönliches Budget als Hilfeleistung für sinnesbeeinträchtigte und/oder erheblich bewegungsbehinderte Menschen bezeichnet, um ihnen ein selbstbestimmtes Leben zu ermöglichen.[1]
2011 wurde dieses Gesetz novelliert und das Persönliche Budget wird als eigenständige Geldleistung beschrieben mit der sich behinderte Menschen Persönliche Assistenz im Arbeitgebermodell finanzieren, um ein selbstständiges Leben außerhalb von stationären Einrichtungen zu führen.

In der Leistungsverordnung 2012 kurz LEVO wird neben klassischen Leistungen der Behindertenhilfe auch das Persönliche Budget als eigenständige Geldleistung angeführt.[2]

Als Zielgruppe sind in der aktuellen Fassung der Leistungsverordnung angegeben:

- Geschäftsfähige Menschen mit Sinnesbeeinträchtigungen und/oder erheblichen Bewegungsbehinderungen ab
- dem vollendeten 18. Lebensjahr,
- welche die Kompetenz (siehe Kapitel 1.6. Definitionen) haben, selbst zu entscheiden, wer, wann, wo und wie die benötigte persönliche Assistenz leistet bzw. geleistet wird sowie darüber entscheiden können, wer, wofür, wie viel vergütet bekommt.

Es wird ausdrücklich darauf hingewiesen, dass es nicht möglich ist, ein Persönliches Budget mit mobilen Diensten der Behindertenhilfe sowie stationäre Wohneinrichtungen, gleichzeitig in Anspruch zu nehmen.

---

[1] vgl.http://www.ris.bka.gv.at/Dokument.wxe?Abfrage=LrStmk&Dokumentnummer=LRST_9210_008#header, aufgerufen am 09.02.13

[2] LEVO-StBHG, LGBl. Nr. 43/2004 in der Fassung LGBl. Nr. 51/2012, S. 112 ff.

Die Höchstgrenze der zu erkennbaren Stundenanzahl für das Persönliche Budget beträgt 1.600 Jahresstunden. In begründeten Einzelfällen kann die festgelegte Höchstgrenze überschritten werden. Der Leistungsumfang ist entsprechend dem Unterstützungsbedarf des Menschen mit Behinderung von der Bezirksverwaltungsbehörde festzulegen.

Bei der Ermittlung des Stundenbedarfes für das Persönliche Budget ist die gesamte Lebenssituation des Menschen mit Behinderung zu berücksichtigen. Der Mensch mit Behinderung hat in einem Selbsteinschätzungsbogen unter Berücksichtigung derjenigen Leistungen, die durch das zuerkannte Pflegegeld bereits abgedeckt sind, und einer gegebenenfalls vorhandenen Hilfemöglichkeit durch Angehörige bzw. PartnerInnen seinen Bedarf an, durch das Persönliche Budget abzudeckenden, Assistenzstunden anzugeben. Die so ermittelten Jahresstunden werden mit einem Stundensatz in der Höhe von 24,20 Euro multipliziert und nach Leistungszuerkennung vierteljährlich im Vorhinein an den Menschen mit Behinderung, auf ein eigenes eingerichtetes Konto, ausgezahlt[3].

Das persönliche Budget kann für jede Form der persönlichen Hilfen in den Bereichen:

- Haushalt
- Körperpflege/Grundbedürfnisse
- Erhaltung der Gesundheit, Mobilität
- Kommunikation und
- Freizeit eingesetzt werden.

Wichtig ist, dass für „Assistenz am Arbeitsplatz" oder den Weg dorthin nicht das Persönliche Budget herangezogen werden darf, hier liegt die Zuständigkeit beim Bundessozialamt, Landesstelle Steiermark.

Kontrolliert wird die Verwendung des Persönlichen Budgets durch die Bezirksverwaltungsbehörde jeweils halbjährlich durch einen Nachweis der folgender Form entsprechen muss:

---

[3] Persönliches Budget, Informationsblatt der Stadt Graz URL: http://www.graz.at/cms/dokumente/10024949_445570/54aa0807/Persoenliches_Budget_Info.pdf, aufgerufen am 09.02.13

- bei Laiendiensten durch Auflistung der erbrachten Assistenzleistungen bzw. geleisteten Stunden. Die entsprechenden Zahlungsbestätigungen sind dem Formular beizulegen;
- in allen anderen Fällen durch im Geschäftsverkehr übliche Belege und Quittungen (z.B. Assistenz in der Mobilität durch die Inanspruchnahme von Taxifahrten).

Die Datenlage bezüglich der Bezieher des Persönlichen Budgets in der Steiermark ist zum jetzigen Zeitpunkt nur spärlich vorhanden.

Von der Projektleitung „Persönliche Assistenz am Arbeitsplatz" Frau Anita Steffan - Verein Initiative Soziale Integration (ISI) - ist bekannt, dass derzeit 54 Menschen mit Behinderung Assistenzleistungen am Arbeitsplatz in Anspruch nehmen, was jedoch nicht gleichzusetzen ist mit Persönlicher Assistenz, welche durch das Persönliche Budget finanziert wird.

Nach mehreren E-Mail Anfragen an die Stadt Graz - Abteilung 11 Soziales - konnte in Erfahrung gebracht werden, dass im Jahr 2012 ca. 225 Personen die Leistung Persönliches Budget in der Steiermark in Anspruch nahmen. Eine Aufschlüsselung der Bezieher hinsichtlich der Art der Behinderung ist nicht vorhanden.

Diese spärliche Datenlage könnte sich durch den Aktionsplan 2012 des Landes Steiermark wesentlich verbessern. Der Aktionsplan zur Umsetzung der UN-Behindertenrechtskonvention basiert auf neun Leitlinien die bis 2020 anhand von Maßnahmen, in drei aufeinanderfolgenden Phasen umgesetzt werden sollen. Der aktuelle Aktionsplan betrifft die Phase 1 von 2012 – 2014 indem es in Leitlinie 9 „Daten und Statistiken" heißt:
In der Planungsphase sollen alle Institutionen, die Daten über Menschen mit Behinderungen aufgrund ihrer Zuständigkeit erheben oder selbst erzeugen, eruiert werden. In einem nächsten Schritt sollen diese Institutionen zu einem „runden Tisch" eingeladen werden, um gemeinsame Überlegungen für eine Datenplattform anzustellen. Mit dieser Maßnahme sollen alle Schritte gesetzt werden, um die für die Umsetzung der UN-Behindertenrechtskonvention nötigen Daten erheben zu können bzw. verfügbar zu machen. Da die Angebotslandschaft für Leistungen für Menschen mit Behinderungen in Österreich stark fragmentiert ist, bedarf es hier einer gemeinsamen Anstrengung verschiedener, auch länderübergreifenden Institutionen (vgl. Aktionsplan Steiermark, 2012, S. 98).

Weitere Leitlinien und Maßnahmen, die für diese Arbeit Bedeutung haben, sind Leitlinie 7 „Selbstbestimmt leben" und Leitlinie 8 „Teilhabe am gesellschaftlichen Leben" des Aktionsplans Steiermark, auf welche hier kurz eingegangen wird.

Leitlinie 7 „Selbstbestimmt leben"

In dieser Leitlinie geht es vor allem darum, den Verein „Selbstbestimmt Leben Steiermark" bei seinen Vorhaben zu unterstützen.

In der Umsetzungsphase geht es um die Verwirklichung und den kontinuierlichen Ausbau einer landesweiten Selbstbestimmt-Leben-Organisation behinderter Menschen, die für sich selbst sprechen (vgl. Aktionsplan Steiermark, 2012, S. 85)

„Mit dieser Maßnahme sollen Vernetzung und Empowerment von bisher nicht-organisierten Menschen mit Behinderungen und bestehenden Selbstvertretungsorganisationen in der Steiermark gefördert werden, mit dem Ziel, dass die Landespolitik einen klaren und unabhängigen Ansprechpartner aus dem Bereich „Selbstbestimmt leben" hat, der direkt behinderte Menschen vertritt, wenn es um die Zukunft der Behindertenpolitik in der Steiermark geht. Auch die Vernetzung mit anderen österreichischen und internationalen Selbstbestimmt-Leben-Organisationen ist dabei ein Ziel. Die Rolle des Landes Steiermark beschränkt sich auf die ressourcenmäßige Unterstützung beim Aufbau von „Selbstbestimmt Leben Steiermark" (Aktionsplan Steiermark, 2012, S. 85)

Leitlinie 8 „Teilhabe am gesellschaftlichen Leben"

Hier geht es um den Ausbau der Leistung „Persönliches Budget", welches im Juni 2011 in der Steiermark eingeführt wurde. Dafür wurde eine Arbeitsgruppe gebildet bestehend aus Beziehern des Persönlichen Budgets, Vertretern der Bezirksverwaltungsbehörde sowie Vertretern der Abteilung 11 Soziales.

In der Arbeitsgruppe wird die Erprobungsphase des Persönlichen Budgets evaluiert; darauf aufbauend werden Umsetzungsideen erarbeitet. Offene Fragen, beginnend von der Antragstellung über den Selbsteinschätzungsbogen und die Zuerkennung der Stunden bis zu den Abrechnungsmodalitäten werden diskutiert. Die Ergebnisse werden dokumentiert und bilden die Grundlage für die weitere Vorgangsweise.

Durch die Leistungsart „Persönliches Budget" sollen Menschen mit Behinderungen in die Lage versetzt werden, selbstständig außerhalb von stationären Einrichtungen zu leben. Das Persönliche Budget soll den Menschen mit Behinderungen eine gleichberechtigte Teilhabe am gesellschaftlichen Leben ermöglichen (Aktionsplan Steiermark, 2012, S. 91).

3.2. Kritische Überlegungen zum „Persönlichen Budget"

Selbstbestimmung heißt für betroffene körperlich behinderte Menschen selbst zu entscheiden, wer, wann, wo und wie für sie Tätigkeiten übernimmt, welche aufgrund der Behinderung nicht selbst durchführbar sind. Um den Lebensalltag gut meistern zu können sind behinderte Menschen auf die Unterstützung Dritter –persönliche Assistenten – angewiesen, wenn sie sich entscheiden mit Persönlichem Budget zu leben.

„In erster Linie sollen Persönliche Budgets behinderte Menschen dabei unterstützen, ein soweit wie möglich selbst bestimmtes Leben zu führen. Gleichzeitig kann die neue Hilfeform jedoch auch dazu beitragen, den Anstieg der staatlichen Ausgaben im Bereich der Behindertenhilfe zu bremsen" (Kaas & Fichert, 2003, S. 309).
Diese Annahme von Kaas & Fichert wird von Betroffenen selbst bestärkt, indem sie kritisieren, dass das Höchstmaß an Stunden pro Jahr 1.600 beträgt und damit der Staat versucht, die Ausgaben im Behindertenbereich zu kürzen. Mit dieser Stundenanzahl – ca. vier Stunden pro Tag - ist es Betroffenen kaum möglich ihren täglichen Bedarf an Assistenz abzudecken. Da der Stundenlohn für die persönlichen Assistenten zumindest im Arbeitgebermodell selbst bestimmt werden kann, bleibt oft nur die Möglichkeit die Assistentin zu einem geringeren Lohn zu beschäftigen.
Für behinderte Menschen bringt das bisher übliche Sachleistungsprinzip vor allem Vorteile hinsichtlich der relativ hohen Versorgungssicherheit. Allerdings entstehen auch diverse Nachteile wie eine mögliche Überversorgung[4] sowie vielfach eine nur geringe Wahl- und Entscheidungsmöglichkeit (vgl. Kaas & Fichert, 2003, S. 310). Es ist deshalb naheliegend, zum Geldleistungsprinzip entsprechend des Persönlichen Budgets überzugehen, um eine bessere Orientierung des Angebots an den Bedürfnissen der Nachfrager zu ermöglichen.

---

[4] Eine Überversorgung tritt auf, wenn für einen behinderten Menschen ambulante Hilfen ausreichend wären, aufgrund eines ungenügenden ambulanten Angebots jedoch die Hilfe (teil-)stationär erbracht wird.

Zur praktischen Umsetzung Persönlicher Budgets existieren zahlreiche Möglichkeiten. Folgende Abbildung stellt die Ausgestaltungsoptionen dar:

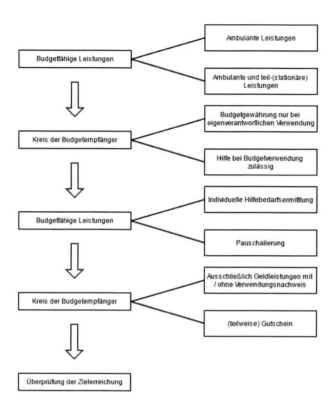

Abbildung 3: Ausgestaltungsoptionen für Persönliche Budgets, aus Kaas & Fichert, 2003, S. 310

Budgetfähige Leistungen: „Es wären alle Leistungen die bisher als Sachleistungen erbracht wurden zu finanzieren. Alternativ ließe sich das Budget zusätzlich zu bestimmten – (teil-)stationär erbrachten – Sachleistungen gewähren und könnte beispielsweise ausschließlich zum Einkauf ambulanter Leistungen bestimmt sein" (Kaas & Fichert, 2003, S. 310). In der Steiermark ist es nicht möglich ambulante Leistungen mit dem Persönlichen Budget zu kombinieren. Einige Organisationen, wie seit kurzem die Caritas und Alpha Nova, bieten jedoch Persönliche Assistenz als Leistung an, welche von den Budgetbeziehern beansprucht werden kann. Diese Entwicklung wird von Vereinen wie „Wegweiser" kritisch betrachtet, da hier Selbstbestimmung nicht mehr in vollem Maße gegeben ist. Können Assistenten nicht selbst gefunden werden, ist es nicht möglich Löhne selbst auszubezahlen, können keine Dienstpläne selbst geschrieben werden, soll die Organisation Abhilfe schaffen. Behinderte Menschen können möglicherweise nicht mehr selbst bestimmen, wer die Assistenz leistet oder wie hoch der Stundenlohn sein soll. Diese Form der Persönlichen Assistenz wie sie von Organisationen geplant wird, versteht sich eher als Wohnassistenz, welche von Fachkräften geleistet wird und nicht im Sinne der Betroffenen ist. Bevor solche vermeintlich positiven Services angeboten werden, muss geklärt sein:

- wie und wo dieses Service erbracht werden soll
- was diese Leistung kostet
- wie AssistentInnen vermittelt, angestellt und bezahlt werden

Kreis der Budgetempfänger: In der Steiermark haben nur Sinnesbeeinträchtigte sowie körperlich behinderte Menschen die Möglichkeit, Persönliches Budget zu erhalten. Es wäre jedoch wünschenswert, allen behinderten Menschen ein Mehr an Selbstbestimmung zu ermöglichen.

Höhe des Persönlichen Budgets: Sollte, so wie in der Steiermark, stets in Abhängigkeit des individuellen Hilfebedarfs festgelegt werden, allerdings ist eine Höchstgrenze von 1600 Stunden pro Jahr in den meisten Fällen nicht ausreichend.

Form der Budgetgewährung: Ein Maximum an Selbstbestimmung können die behinderten Menschen realisieren, wenn ihnen das Budget als ungebundene Transferleistung gewährt wird. Aus sozialpolitischer Perspektive wird jedoch gelegentlich befürchtet, dass es bei ambulant erbrachten Leistungen zu einer Unterversorgung kommen könnte, wenn die behinderten Menschen Hilfeleistungen zugunsten sonstiger Einkommensverwendungen reduzieren. Ein lückenloser Nachweis der Budgetmittelverwendung wäre jedoch übertrieben, da es für die Budgetempfänger sowie die Verwaltungsbehörden zu einem erheblichen Mehraufwand führen würde (vgl. Kaas & Fichert, 2003, S. 312).

Überprüfung der Zielerreichung: In der Steiermark sind behinderte Menschen dazu verpflichtet einen Leistungsnachweis alle sechs Monate an die Bezirksverwaltungsbehörde zu übermitteln. Kaas & Fichert (2003) empfehlen auch eine periodische Überprüfung der Angemessenheit des Budgetbetrages.

Ziel des Persönlichen Budgets soll es sein, jedem behinderten Menschen die von ihm benötigten Hilfen in ausreichender Menge und Qualität zu gewähren und dabei ein hohes

Maß an Selbstbestimmung zu realisieren. Zum anderen fordert das Kriterium der ökonomischen Effizienz, dass dieses Ziel mit minimalen Kosten erreicht werden soll, wobei neben den Transferleistungen auch der Administrationsaufwand zu beachten ist (vgl. Kaas & Fichert, 2003, S. 310).

Das Persönliche Budget stellt eine weiterentwickelte Leistungsform dar, die viele Menschen mit Behinderung in die Lage versetzt hat endlich die Unterstützung zu bekommen, die sie brauchen und wollen. Derzeit scheint es keine bessere Alternative zu geben, sondern allenfalls Verbesserungen der Leistung selbst oder ergänzende Angebote (z.B. auch Persönliche Assistenz am Arbeitsplatz als Geldleistung, die Lebensbereiche, Wohnen, Arbeiten oder Bildung sollen nicht getrennt werden).[5]

3.3. Fremdbestimmung in Institutionen

Goffman (1973, S. 11, zitiert in Franz, 2001, S. 39) spricht von „Totalen Institutionen" und meint damit, dass „Lebens-, Erfahrungs- und Aneignungsraum nicht mehr das Konfliktfeld täglichen Lebens, sondern ein mehr oder minder geordneter, einengender Rahmen fremdbestimmter Setzungen sei. Besonders zu Tragen kommt dieses Konzept in Pflegeheimen in denen auch heute noch viele behinderte Menschen untergebracht sind.

„Kennzeichnende Faktoren, die die Aneignungs- und Lebensmöglichkeiten der einzelnen in dieser formalen Reglementierung einengen, sie fremd bestimmen, können sein oder sind:

- Zusammenlegung vieler Gleicher auf engem Raum
- Elementare Bereiche der Intimsphäre sind ungeschützt
- Isolierte Standorte weitab mit eingeschränktem Kontakt zur Außenwelt
- Hierarchische Machtstrukturen (Medizinische, Pädagogische und Pflegerische Hierarchiesäulen), die Bewohnern Macht unterwerfen, von Entscheidungsebenen fernhalten und sie damit fremd bestimmen
- Zeitpläne organisieren das tägliche Leben (Anziehen, Waschen, Arbeit, Freizeit)" (Franz, 2001, S. 39).

---

[5] Informationen stammen aus Gesprächen mit Betroffenen selbst und aus e-mail Anfragen an den Verein „Wegweiser".

Selbstbestimmung spielt vor allem in Bereichen der Freizeit und bei der Befriedigung von Grundbedürfnissen (Körperpflege, Essen, ...) für behinderte Menschen eine grundlegende Rolle. Diese Rechte werden behinderten Menschen oft vorenthalten, wenn sie einen erheblichen Umfang an Pflege und Assistenz (Hilfe) im Alltag benötigen.

Ärzte und Sozialbehörden gehen oft davon aus, dass aus medizinischen sowie sozialen Gründen eine stationäre Einrichtung das Beste für behinderte Menschen sei. Allerdings wird in solchen Institutionen das Recht auf Selbstbestimmung durch Heimordnungen, Dienst- und Pflegepläne beschnitten. Die Menschen in solchen Heimen der Behindertenhilfe aber auch in Wohngemeinschaften müssen sich in der Befriedigung ihrer körperbezogenen intimen und anderer Bedürfnisse diesen Strukturen und Regeln unterordnen und ständig anpassen, damit sind sie nahezu völlig fremdbestimmt (vgl. Österwitz, 1994)

Diese Faktoren haben direkte Auswirkungen auf die Lebensqualität der Bewohner in Pflegeheimen und somit auch für behinderte Menschen, die sich solchen Bedingungen unterordnen müssen. Fremdbestimmung hat, wie eine Untersuchung von Watt & Konnert (2007, zitiert in Chapple, 2008, S. 5) zur Beziehung zwischen Lebensqualität, Gesundheit, soziale Unterstützung und Freizeitaktivitäten in Pflegeheimen zeigt, direkte Auswirkungen auf die Lebensqualität. Es kommt zur Bedrohung dieser, wenn man von nahen Freunden getrennt lebt, eine eingeschränkte soziale Unterstützung und einen Verlust der wahrgenommenen Kontrolle erfährt.

Allerdings haben auch Menschen, die in keiner totalen Institution im Sinne Goffmans, sondern in einer eigenen Wohnung wohnen und Hilfeleistungen über herkömmliche Dienste der Behindertenhilfe erhalten, mit Bedingungen zu tun, die ihre Selbstbestimmtheit über ein wünschenswertes Maß hinausgehend beeinträchtigen. So sind solche Leistungen an bestimmte Zeitvorgaben gebunden und auf bestimmte Tätigkeiten eingegrenzt. Folglich können Hilfeempfänger ihren Tagesablauf unter diesen Umständen nicht auf verlässlicher Basis planen oder die Hilfeleistung an spontanen Erfordernissen oder Wünschen flexibel anpassen (vgl. Altenschmidt & Kotsch, 2007, S. 231).

Dadurch, dass diese Form der Hilfe von gelerntem, professionellen Personal erbracht wird, welche im Sinne „Wissen-was-gut-für-die-KlientInnen-ist" handeln, wird die Selbstbestimmung des Weiteren beschränkt. „Hier geht es in erster Linie darum, mittels pflegerischer Kompetenz das Defizit, das die unterstützungsbedürftige Person aufweist, in einem durchaus gut gemeinten Sinne auszugleichen. Dabei kann die Hilfe schnell in Bevormundung münden" (Altenschmidt & Kotsch, 2007, S. 231).

3.4. Fremdbestimmung durch Persönliche Assistenz

„Im Kontext der Persönlichen Assistenz bezieht sich der Begriff der Selbstbestimmung auf die Kompetenz der AssistenznehmerInnen, zu entscheiden, was unter welchen Umständen getan werden soll, und nicht auf die Fähigkeit, diese Handlung selbst auszuführen" (Altenschmidt & Kotsch, 2007, S. 233). Eine absolute Unabhängigkeit von anderen Menschen ist deshalb nicht möglich.

Die Selbstbestimmung kann dadurch bedroht sein, wenn AssistenznehmerInnen ihre Rolle als Vorgesetzte nicht oder nur mangelhaft einnehmen. Es entsteht Abhängigkeit von dem/der persönlichen Assistentin sobald einem anderen Arbeit überlassen wird oder überlassen werden muss – wie es bei der Persönlichen Assistenz der Fall ist (vgl. Franz, 2001, S. 36ff.)

Bei der Interaktion zwischen AssistentInnen und AssistenznehmerInnen kommt es unweigerlich zu Spannungen. Handlungsaufforderungen können nicht als selbsterklärend betrachtet werden und müssen von AssistenznehmerInnen und AssistentIn so reflektiert werden, dass beide zu einer gemeinsam akzeptierten Form der Ausführung gelangen (vgl. Altenschmidt & Kotsch, 2007, S 234). Die AssistentInnen führen alltägliche Tätigkeiten, welche zwar unter Anleitung von AssistenznehmerInnen erfolgen, nach eigenen erlernten Bewegungsroutinen aus, was dazu führt, dass behinderte Menschen nicht selbstbestimmt entscheiden können wie etwas gemacht werden soll. Erschwerend kommt hinzu, dass die Beteiligten nicht über die gleichen körperlichen Voraussetzungen verfügen, gerade die körperlichen Einschränkungen der AssistenznehmerInnen, führen dazu, dass es zu Deutungsproblemen im Zusammenhang mit körperbezogenen Tätigkeiten kommt. „Häufig mangelt es beiden Seiten prinzipiell an der Erfahrung, wie es sich anfühlt, in einem Körper wie dem der anderen zu stecken. So sind Gestik, Mimik, Artikulation und Tonfall u.a. von körperlichen Voraussetzungen abhängig und weisen mitunter eine eigene, gewöhnungsbedürftige Typik auf. Auch Handlungsaufforderungen wie „Könntest du mir bitte mal beim Husten helfen?" beinhalten eine Reihe von Tätigkeiten, die die AssistentInnen in enger Koordination mit dem/der AssistenznehmerIn erlernen muss" (Altenschmidt & Kotsch, 2007, S. 234).

Dies erfordert einen sensiblen Umgang miteinander, der allerdings beeinflusst wird durch ein formales Arbeitsverhältnis. In vielfacher Hinsicht ist es demnach auch bei einem Leben mit Persönlicher Assistenz notwendig, Abläufe auszuhandeln und Routinen auszubilden (vgl. Altenschmidt & Kotsch, 2007, S. 235).

Persönliche Assistenz ist eine professionelle Hilfeleistung für behinderte Menschen, die im ambulanten Kontext erfolgt und ist somit auch als eine Form der Institutionalisierung zu begreifen. Die Selbstbestimmung der betroffenen behinderten Personen ist aufgrund des nicht selbst „ausführen können" bereits eingeschränkt. Es besteht eine Abhängigkeit gegenüber den AssistentInnen, welche die Lebensqualität negativ beeinflussen kann.

Behinderte Menschen können aufgrund ihres Unterstützungsbedarfs nicht vollkommen selbstbestimmt agieren. Es müssen Dienstpläne geschrieben werden, in denen die Tätigkeitsbereiche der einzelnen Assistentinnen berücksichtigt werden. Außerdem müssen die AssistentInnen ihre Tätigkeit dokumentieren indem die Anwesenheit sowie die Art der Unterstützung festgehalten werden. Somit bestehen auch beim Modell der Persönlichen Assistenz regulierte Rahmenbedingungen ähnlich in einer institutionellen Einrichtung.

4. Forschungsfragen

Aus den vorangegangenen Ausführungen zur Lebensqualität und Selbstbestimmung sowie der aktuellen Problemdarstellung und Relevanz sollen in dieser Masterarbeit folgende Forschungsfragen beantwortet werden:

- **Welche Erfahrungen machen körperbehinderte Menschen in Bezug auf Lebensqualität und Gesundheit mit Persönlicher Assistenz?**

- **Welche Hindernisse und Herausforderungen ergeben sich bei einem Leben mit Persönlicher Assistenz und wie gehen körperbehinderte Menschen mit Konfliktsituationen bei Assistenz um?**

- **Welche Bedürfnisse und Wünsche haben körperbehinderte Menschen bezüglich einer Verbesserung des Lebens mit Persönlicher Assistenz?**

5. Geschichtlicher Hintergrund der „Selbstbestimmt Leben" Bewegung

Selbstbestimmt Leben ist eine sinngemäße Übersetzung des amerikanischen Independent Living (IL). Die Anfänge dieser aus Amerika stammenden Bürgerrechtsbewegung waren 1962, als vier sehr schwer behinderte Studenten aus einem Pflegeheim auszogen, um gemeinsam auf dem Campus der University of Illinois, in einer barrierefreien Wohnung zu leben. Diese Handlung hatte Vorbildfunktion und war Beginn einer Protest Bewegung gegen klinische Lebensbedingungen mit Dienst- und Pflegeplänen in Institutionen.

Anfang der siebziger Jahre sind in Amerika bereits die ersten Center für Independent Living (CIL) gegründet worden, so in Berkeley und Boston. Diese Center bieten betroffenen behinderten Menschen umfangreiche Serviceleistungen an. Peer Counseling (Beratung von Betroffenen für Betroffene), Trainings, Wohnungsvermittlung und Anpassung sind exemplarisch zu nennen.

IL ist mittlerweile eine weltweite Bewegung auf allen Kontinenten und auch zum Forschungskonzept geworden. Es beinhaltet, dass nicht in erster Linie die Behinderung im Mittelpunkt der Forschung steht, sondern die Lebens-, Wohn- und Arbeitsbedingungen und die gesellschaftliche Haltung behinderten Menschen gegenüber, die oft ihren Ausdruck in Gesetzen und praktischen Maßnahmen finden (vgl. Österwitz, 1994).

In Österreich kam diese Bewegung mit einigen Jahren Verspätung an. Ende der 70er Jahre wurden erste kleine Selbsthilfegruppen behinderter Menschen in Wien und Innsbruck gegründet z.B. die Initiativgruppe Behinderte-Nichtbehinderte in Innsbruck und die Alternativgemeinschaft von Behinderten und Nichtbehinderten in Wien[6].

1981 im internationalen Jahr der Behinderten, kam es in Österreich und Deutschland zu Aktionen die sich gegen bevormundende Behinderten- und Rehabilitationspolitik richteten. So wurde etwa der Zugang zum Festakt der Bundesregierung in der Wiener Hofburg von zwanzig RollstuhlfahrerInnen blockiert.

Die losen Selbsthilfegruppen in den einzelnen Bundesländern schlossen sich über die Jahre zunächst zu einem Forum der Behinderten- und Krüppelinitiativen und später zur

---

[6] (http://www.slioe.at/wer/geschichte.php, aufgerufen am 23.02.13)

Selbstbestimmt Leben Bewegung zusammen. Die grundlegende Struktur bestand vor allem in regelmäßigen Treffen.[7] Erst 2001 wurde „Selbstbestimmt Leben Österreich" (SLIÖ), eine bundesweite Interessensvertretung, gegründet. Selbstbestimmt Leben Initiativen, Projekte, und Einzelpersonen aus ganz Österreich sind darin vernetzt.

Ziel ist die Gleichstellung von behinderten Menschen und die Durchsetzung aller ihrer BürgerInnenrechte in Österreich.

Mitglieder der Independent – Living – Bewegung

Die Hauptgruppe setzt sich aus sogenannten Schwerbehinderten zusammen. Querschnittgelähmte, Menschen mit Post-Polio-Syndrom, mit MS, mit cerebralen Bewegungsstörungen und mit Muskeldystrophien. Viele von diesen Menschen stammen aus dem studentischen und akademischen Milieu, sie sind Begründer der Bewegung und geben ständig neue Impulse. Dieser Ursprung ist nicht verwunderlich, da viele von ihnen frei von familiären und beruflichen Verpflichtungen sind und somit Zeit und Energie aufbringen können um sich für ihre eigenen Anliegen zu engagieren (vgl. Österwitz, 1994).

Independent Living bedeutet für Menschen mit Behinderung:

- Entscheidungen über den Tagesablauf
- Kompetenz der Anleitung der Hilfe
- Wahlmöglichkeiten hinsichtlich des Wohnens und der Wohnform
- Aufenthaltsort selbst bestimmen
- Möglichkeit, einen privaten Lebensraum und Lebensstil zu entwickeln
- Recht auf Freundschaft, Liebe und Sexualität und Chancen, sie zu leben
- Recht auf Arbeit und eine den Lebensunterhalt sichernde Entlohnung (Österwitz, 1994).

---

[7] (http://www.slioe.at/wer/geschichte.php, aufgerufen am 23.02.13)

6. Methodik

Im zweiten Abschnitt dieser Masterarbeit soll die Vorgehensweise für den empirischen Teil der Arbeit beschrieben werden. Es wird folgend begründet, weshalb eine qualitative Methode gewählt wurde, welche Erhebungsmethode zum Einsatz kam und wie die Personen für die Interviews ausgewählt wurden. Es folgt eine Reflexion über mögliche Antwortverzerrungen bei der Durchführung der Interviews sowie die Darstellung der Datenanalyse.

6.1. Methodische Grundposition – symbolischer Interaktionismus

Diese Masterarbeit beschäftigt sich mit der Frage welche Erfahrungen körperbehinderte Menschen mit Persönlicher Assistenz machen. In weiterer Folge wurden körperbehinderte Menschen nach ihren Bedürfnissen und Wünschen sowie Herausforderungen und Schwierigkeiten einer selbstbestimmten Lebensweise mit Persönlicher Assistenz befragt. Es ist deshalb für den Forscher wichtig, die Welt aus der Sicht des zu untersuchenden „Subjekts" zu sehen.

Die Perspektive des symbolischen Interaktionismus ist für die angeführten Forschungsfragen geeignet, da im Zentrum dieses Ansatzes der subjektive Sinn, den Individuen – hier körperbehinderte – mit ihren Handlungen, ihrer Umgebung zuweisen. Um schließlich auf eine soziale Wirklichkeit zu schließen ist es notwendig, diese subjektive Sichtweise so zu rekonstruieren, dass allgemein gültige Aussagen entstehen. Der Zugang zum Forschungsgegenstand ergibt sich hier aus der Sicht der Betroffenen, indem die Welt aus ihrer Sicht und ihren Erfahrungen betrachtet wird (vgl. Paseka, 2008).

„Zentrale Elemente der darauf bezogenen Forschungsmethodologie sind:

- die Orientierung an Prozessen der sozialen Interaktion
- die Orientierung an der Perspektive des Subjektes statt einer von außen herangetragenen Interpretation
- die Orientierung am jeweiligen sozialen Hintergrund
- die Orientierung an der jeweiligen Situation, in der handelnde Subjekte stehen" (Terhart 1978, S. 160 ff., zitiert in Mayring, 2010, S. 32).

6.2. Forschungsdesign

6.2.1. Erhebungsmethode: Das problemzentrierte Interview

„Unter dem Begriff problemzentriertes Interview versteht Witzel (1982, 1985) alle Formen der offenen, halbstrukturierten Befragung. Das Interview lässt den Befragten möglichst frei zu Wort kommen, um einem offenen Gespräch nahe zu kommen. Es ist aber zentriert auf eine bestimmte Problemstellung, die der Interviewer einführt, auf die er immer wieder zurückkommt" (Mayring, 2002, S. 67).

Bestandteile des in dieser Arbeit angewendeten Interviews sind:

- Leitfaden
- Tonbandaufnahme und
- wörtliche Transkription.

Der Leitfaden soll dazu beitragen, den Erzählstrang aufrecht zu erhalten und gegebenenfalls dem Interview bei nicht ergiebiger Thematik eine neue Wendung geben (vgl. Flick, 2011, S. 210). Damit das Interview festgehalten werden kann, wird mit Einverständnis der Interviewpartner eine Tonbandaufzeichnung durchgeführt. Um das Interview in weiterer Folge entsprechend analysieren zu können, wird ein wörtlicher Tran Skript angefertigt.

Dieses Interview ist durch drei zentrale Kriterien gekennzeichnet: **Problemzentrierung**, d.h. es besteht ein gesellschaftlich relevantes Problem – hier Lebensqualität von körperbehinderten Menschen. **Gegenstandsorientierung** d.h. dass die Methoden am Gegenstand orientiert entwickelt bzw. modifiziert werden sollen und schließlich **Prozessorientierung** bezogen auf Forschungsprozess und Gegenstandsverständnis (Flick, 2011, S. 210).

6.2.2. Begründung - Erhebungsmethode

„Ziel und Vorteil von Leitfadengesprächen werden im Allgemeinen darin gesehen, dass durch die offene Gesprächsführung und die Erweiterung von Antwortspielräumen der Bezugsrahmen des Befragten bei der Fragenbeantwortung miterfasst werden kann, um so einen Einblick in die Relevanzstrukturen und die Erfahrungshintergründe des Befragten zu erlangen" (Schnell, Hill, Esser, 2008, S. 387).

Da es in dieser Arbeit um die subjektive Sichtweise körperbehinderter Menschen betreffend Lebensqualität und Persönlicher Assistenz geht, ist es wichtig, durch eine relativ offene Gestaltung des Interviews mittels Leitfaden die Sichtweisen der Betroffenen zur Geltung zu bringen. Es wurden deshalb individuelle Interviews geführt mit den jeweils selben Fragen. Es geht um eine ganzheitliche Erfassung von Erfahrungen durch eine neue Lebenssituation – Persönliche Assistenz – die von den betroffenen körperbehinderten Menschen unterschiedlich bewertet werden sollte. Es wird vom Gedanken ausgegangen, dass nur der Betroffene selbst definieren kann, was für ihn Lebensqualität und Gesundheit bedeutet und welche Erfahrungen diesbezüglich mit Persönlicher Assistenz gemacht werden.

Menschen mit Behinderung wurden in der Vergangenheit kaum in den Forschungsprozess involviert. Das Messinstrument Lebensqualität bedarf jedoch einer Mitarbeit von Betroffenen, denen in dieser Arbeit als Experten gegenüber getreten wurde.

Für diese Untersuchung war es wichtig die Betroffenenperspektive zu erfassen, was mittels Interview am besten möglich war, da es aufgrund von Datenschutzbestimmungen nicht möglich war, einen Fragebogen an körperbehinderte Menschen auszusenden.

6.3. Auswahlstrategie: Sampling

6.3.1. Theoretisches Sampling

Der Umfang sowie die Merkmale der Grundgesamtheit sind vorher nicht bekannt. Es wird ein gleichgroßer Anteil an Frauen und Männern für die Interviews angestrebt. Die Stichprobengröße ist vorher nicht definiert und das Sampling gilt als beendet wenn die theoretische Sättigung erreicht ist. Sättigung heißt hier, es können keine neuen Daten mehr gewonnen werden, mit denen sich die Forschungsfragen beantworten lassen (vgl. Flick, 2011, S. 161).

Für die Auswahl geeigneter Interviewpartner ergaben sich für diese Arbeit folgende Einschluss- und Ausschlusskriterien.

6.3.2. Einschlusskriterien

- eine körperliche Behinderung muss vorliegen
- die untersuchten Personen müssen zum Zeitpunkt der Untersuchung mit Persönlicher Assistenz leben und Persönliches Budget beziehen
- es muss sich um erwachsene Personen handeln (18 – 60 Jahre)

6.3.3. Ausschlusskriterien

- Menschen mit einer psychischen und/oder geistigen Behinderung
- Personen die in einer institutionellen Einrichtung leben
- Kinder, Jugendliche oder alte Menschen ab dem 60. Lebensjahr

InterviewpartnerInnen wurden mit Hilfe des Vereins „Wegweiser", welcher behinderte Menschen bei Fragen zum Persönlichen Budget berät, ausgewählt. Die Geschäftsführung des Vereines hat sich bereit erklärt email Adressen sowie Telefonnummern von möglichen Interviewpartnern bereitzustellen.

Wichtig ist festzuhalten, dass die Interviewpartner nicht bekannt waren und somit kein Einfluss auf die Auswahl bestand. Nachdem eine Kontaktaufnahme per email erfolglos blieb, wurden die potentiellen Teilnehmer telefonisch kontaktiert und haben sich bereit erklärt ein Interview zu geben. Insgesamt wurden auf diesem Wege acht InterviewpartnerInnen (vier männlich und vier weiblich) gefunden, welche sich bereit erklärten, an der Untersuchung teilzunehmen.

6.4. Reflexion der Interviews

Bei der Durchführung von Interviews kann es zu einer Reihe von methodischen Problemen kommen. Da der Großteil der Daten der empirischen Sozialforschung mit Interviews erhoben wird, ist das Interview auch das Erhebungsverfahren, zu dem die meiste Methodenforschung betrieben wurde, deshalb gibt es auch eine Reihe von Erklärungsansätzen für verschiedene Antwortverzerrungen.

Zu den Response-Errors oder Antwortverzerrungen werden nach Schnell, Hill und Esser (vgl. 2008, S. 353ff) u.a. gezählt:

Die explizite Verweigerung einer Antwort (Item-Nonresponse): Diese Form der Antwortverzerrung ist auch in dieser Masterarbeit vorgekommen. Eine Interviewperson wollte absolut keine Auskunft über den Gesundheitszustand geben. Die Forscherin musste dies akzeptieren und respektieren.

Die Abgabe einer „Weiß-nicht" – Antwort (Meinungslosigkeit): In dieser Masterarbeit wurden keine „Weiß-nicht-Antworten" abgegeben. Alle InterviewteilnehmerInnen hatten eine Meinung zu den gestellten Fragen, auch wenn einige Teilnehmer längere Überlegungsphasen hatten.

Die Abgabe sozial erwünschter Antworten: In dieser Masterarbeit ist davon auszugehen, dass einzelne InterviewpartnerInnen eine situationsspezifische Reaktion auf die Datenerhebung gezeigt haben. Aufgrund bestimmter Konsequenz-Befürchtungen ist es möglich, dass die tatsächlichen Sachverhalte verschwiegen oder beschönigt wurden. Die Forscherin konnte jedoch nicht herausfinden bei welchen konkreten Fragen dies der Fall sein hätte können.

Reaktion auf Merkmale des Interviewers (Interviewereffekte): Der/die ForscherIn sollte möglichst unbefangen und neutral in die Interviews gehen, um die Interviewpartner nicht in irgendeine Richtung zu beeinflussen. In dieser Masterarbeit war es nicht möglich auf externe InterviewerInnen zurückzugreifen, welche durch eine Interviewerschulung vorbereitet worden wären. „Generell besteht die Gefahr eines verzerrenden Interviewereffekts bereits bei der Auswahl der InterviewpartnerInnen, bei allen Verfahren der bewussten Auswahl, bei denen der Interviewer prinzipiell die Möglichkeit hat, Interviewte nach subjektiven Kriterien (leichte Zugänglichkeit, freundliches, offenes Wesen usw.) und Präferenzen auszuwählen oder auch immer wieder dieselben Personen zu interviewen. Bei den Interviews selbst kann der Interviewer unbewusst durch seine Gesamterscheinung, sein Auftreten, seine Kleidung, das Verhalten und die Antworten der Interviewten beeinflussen und sie zu Gefälligkeits- und Prestigeantworten veranlassen. Schließlich kann er oder sie durch Nachlässigkeit oder Unachtsamkeit oder auch durch selektive Wahrnehmung Ergebnisverzerrungen bewirken"[8].

In dieser Masterarbeit wurden die Interviewpartner nicht selektiv ausgewählt und waren der Forscherin im Vorhinein nicht bekannt. Ein Interviewer-Bias aufgrund der Gesamterscheinung der Forscherin ist, wenn auch nur unbewusst, zustande gekommen und konnte von der Forscherin nicht beeinflusst werden.

Reaktion auf die Anwesenheit Dritter beim Interview (Anwesenheitseffekte): Bei einigen Interviews waren zunächst AssistentInnen anwesend, welche jedoch, nachdem die ersten Fragen gestellt wurden, die Wohnung verlassen hatten. Somit wurde dieser Effekt, nach den anfänglichen sehr allgemeinen Fragen, ausgeschaltet. In einem Interview war es notwendig den Raum zu verlassen, da der Lebensgefährte der Interviewpartnerin sehr störend und laut das Interview negativ beeinflusst hat

Da die Forscherin selbst mit der Zielgruppe körperbehinderte Menschen arbeitet und die Problematiken, welche mit Persönlicher Assistenz auftreten können, bereits aus dem Arbeitsalltag kennt, kann nicht ausgeschlossen werden, dass die Forscherin ihre Interviewpartner zu von ihr erwünschten Aussagen verleitet hat. Dieser Effekt wird in der Literatur als „Rosenthaleffekt" oder „Pygmalion-Effekt" beschrieben. „Der amerikanische Psychologe Robert Rosenthal analysierte, welchen Einfluss der Versuchsleiter in psychologischen Experimenten auf das Verhalten von Versuchspersonen oder auch Versuchstieren hat. Der "Rosenthal-Effekt" meint ganz allgemein jenen Verzerrungseffekt von Studienergebnissen, der durch die Erwartungen eines Versuchsleiters gegenüber den ProbandInnen verursacht wird. Der „Rosenthal-Effekt" beruht vermutlich auf einer unbewussten Verhaltensänderung, die das Studienergebnis hinsichtlich dieser Erwartungen beeinflusst".[9]

Ein weiteres Phänomen, welches dem „Rosenthaleffekt" ähnlich ist, wurde von Robert King Merton beschrieben. Er definierte den Begriff der „self-fulfilling prophecy", der selbsterfüllenden Vorhersage, und erklärte mit dieser Theorie eine unbewusst ablaufende

---

[8] http://www.medialine.de/deutsch/wissen/medialexikon.php?snr=2741, aufgerufen am 10.06.13
[9] http://lexikon.stangl.eu/7260/rosenthal-effekt/, aufgerufen am 10.06.13

Verhaltensänderung bzw. -steuerung, die dazu führt, dass sich eine Erwartung oder Befürchtung tatsächlich erfüllt. „Im häufig zitierten klassischen Experiment von Rosenthal & Jacobson – nach vorangegangenen Versuchen an Albino-Ratten – täuschte man Lehrern an Grundschulen vor, bei 20 Prozent der Schüler nach einem IQ-Test enormes Entwicklungspotenzial entdeckt zu haben. Fast die Hälfte der zufällig einer der Gruppen zugeteilten Kinder steigerten ihren Intelligenzquotienten um 20 Punkte, ein Fünftel gar um 30 Punkte oder noch mehr, wobei es vor allem schlechtere Schüler waren, die sich verbesserten. Man vermutete, dass die Lehrer sich mehr um sie bemühten, geduldiger waren und mehr positives Feedback gaben. Spätere Studien konnten diese Ergebnisse allerdings nicht in gleichem Ausmaß bestätigen"[10].

Die Forscherin hat versucht, möglichst unvorbelastet in die Interviews zu gehen und die InterviewpartnerInnen nicht zu beeinflussen, damit die Antworten auf die Fragen möglichst aussagekräftig werden. Es muss jedoch festgehalten werden, dass die Forscherin durch ihre eigene Tätigkeit als persönliche Assistentin mit einer positiven Einstellung bezüglich der Thematik, die Interviews durchgeführt hat. Eine Untersuchung durch geschulte InterviewerInnen wäre sehr ratsam um den „Rosenthaleffekt" oder gar die „self-fulfilling-prophecy" vollkommen ausschalten zu können.

6.5. Datenanalyse

6.5.1. Qualitative Inhaltsanalyse nach Mayring

„Die qualitative Inhaltsanalyse stellt einen Ansatz empirischer, methodisch kontrollierter Auswertung auch größerer Textcorpora dar, wobei das Material, in seinen Kommunikationszusammenhang eingebettet, nach inhaltsanalytischen Regeln ausgewertet wird, ohne dabei in vorschnelle Quantifizierungen zu verfallen" (Mayring, 2000, S. 2).

„Der Grundgedanke ist, aus der Fragestellung der Studie abgeleitet und theoretisch begründet ein Definitionskriterium festzulegen, das bestimmt, welche Aspekte im Material berücksichtigt werden sollen, und dann schrittweise das Material danach durchzuarbeiten.

---

[10] http://lexikon.stangl.eu/829/self-fullfilling-prophecy/, aufgerufen am 10.06.13

Die entwickelten Kategorien werden in einer Rückkopplungsschleife überarbeitet, einer Reliabilitätsprüfung unterzogen, und können später auch zu Überkategorien zusammengefasst und je nach Fragestellung auch nach quantitativen Aspekten ausgewertet werden" (Mayring, 2000, S. 4).

Mayring unterscheidet drei verschiedene Techniken der qualitativen Inhaltsanalyse:

1. Zusammenfassung:
   „Ziel der Analyse ist es, das Material so zu reduzieren, dass die wesentliche Inhalte erhalten bleiben, durch Abstraktion einen überschaubaren Corpus zu schaffen, der immer noch Abbild des Grundmaterials ist".
2. Explikation:
   „Ziel der Analyse ist es, zu einzelnen fraglichen Textteilen (Begriffen, Sätzen, ...) zusätzliches Material heranzutragen, das das Verständnis erweitert, das die Textstelle erläutert, erklärt, ausdeutet"
3. Strukturierung:
   „Ziel dieser Analyse ist es, bestimmte Aspekte aus dem Material herauszufiltern, unter vorher festgelegten Ordnungskriterien einen Querschnitt durch das Material zu legen oder das Material aufgrund bestimmter Kriterien einzuschätzen" (Mayring, 2010, S. 65). Strukturierende Inhaltsanalysen können ganz unterschiedliche Ziele haben. Deshalb ist eine weitere Differenzierung notwendig. „Eine formale Strukturierung will die innere Struktur des Materials nach bestimmten formalen Strukturierungsgesichtspunkten herausfiltern. Eine inhaltliche Strukturierung will Material zu bestimmten Themen, zu bestimmten Inhaltsbereichen extrahieren und zusammenfassen. Eine typisierende Strukturierung will auf einer Typisierungsdimension einzelne markante Ausprägungen im Material finden und diese genauer beschreiben. Eine skalierende Strukturierung will zu einzelnen Dimensionen Ausprägungen in Form von Skalenpunkten definieren und das Material daraufhin einschätzen" (Mayring, 2010, S. 94).

6.5.2. Begründung Datenanalyse

Aufgrund der großen Datenmengen, die durch die Interviews entstanden sind, und der Fragestellung, wird für diese Arbeit eine zusammenfassende Inhaltsanalyse durchgeführt. Dadurch sollen die wesentlichen Inhalte des Materials erhalten bleiben, durch Reduktion und Abstraktion soll der Inhalt noch Abbild des Grundmaterials sein.

„Durch die schematische Aufarbeitung des Vorgehens soll durch dieses Verfahren ein Weg skizziert werden, der übersichtlicher und eindeutiger und durch die skizzierte mögliche Reduktion des Materials besser handhabbar ist. Die formulierten Regeln ermöglichen eine größere Klarheit und Eindeutigkeit. Die Formalisierung des Vorgehens führt zu einem einheitlichen Kategorienschema, das den Vergleich von verschiedenen Fällen, auf die es durchgängig angewendet wird, erleichtert" (Flick, 2011, S. 416). Durch die Zergliederung in Analyseeinheiten wird unter anderem gewährleistet, dass Bedeutungsstrukturen nicht übersehen werden und möglichst alles zur Verfügung stehende Material ausgewertet wird (Mayring 2007, zitiert in Ramsenthaler, 2013, S. 25).

6.5.3. Ablauf der zusammenfassenden Inhaltsanalyse

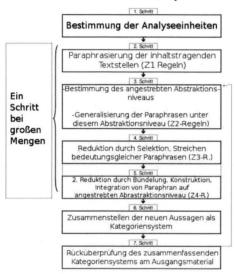

Abbildung 4: Ablaufmodell zusammenfassender Inhaltsanalyse, Quelle: www.soziologiker.de, aufgerufen am 10.07.2013

Im ersten Schritt müssen Analyseeinheiten bestimmt werden. Nach Mayring (2010, S. 69) die Kodiereinheit, Kontexteinheit und Auswertungseinheit welche, dann, „in eine knappe, nur auf den Inhalt beschränkte, beschreibende Form umgeschrieben werden (Paraphrasierung) – Z1-Regel".

„Im nächsten Schritt wird aufgrund des vorliegenden Materials das Abstraktionsniveau der ersten Reduktion bestimmt. Alle Paraphrasen, die unter dem Niveau liegen, müssen nur verallgemeinert werden. Paraphrasen, die über dem Abstraktionsniveau liegen, werden zunächst belassen –Z2 Regel. Dadurch entstehen einige inhaltsgleiche Paraphrasen, die nun gestrichen werden können –Z3 Regel. In einem zweiten Reduzierungsschritt werden nun mehrere, sich aufeinander beziehende und oft über das Material verstreute Paraphrasen zusammengefasst und durch eine neue Aussage wiedergegeben – Z4 Regel. Am Ende muss überprüft werden, ob die als Kategoriensystem zusammengestellten neuen Aussagen das Ausgangsmaterial noch repräsentieren" (Mayring, 2010, S. 69).

Folgende Interpretationsregeln nach Mayring (2010, S. 70) der zusammenfassenden Inhaltsanalyse beziehen sich auf die Reduktion des Materials:

Z1: Paraphrasierung
- Streichen aller nicht (oder wenig) inhaltstragenden Textbestandteile wie ausschmückende, wiederholende, verdeutlichende Wendungen
- Übersetzen der inhaltstragenden Textstellen auf eine einheitliche Sprachebene
- Transformieren auf eine grammatikalische Kurzform

Z2: Generalisierung auf das Abstraktionsniveau
- Generalisieren der Gegenstände der Paraphrasen auf die definierte Abstraktionsebene, sodass die alten Gegenstände in den neu formulierten impliziert sind
- Generalisieren der Satzaussagen auf die gleiche Weise
- Belassen der Paraphrasen, die über dem angestrebten Abstraktionsniveau liegen
- Theoretische Vorannahmen bei Zweifelsfällen zu Hilfe nehmen

Z3: Erste Reduktion
- Streichen bedeutungsgleicher Paraphrasen innerhalb der Auswertungseinheiten
- Streichen der Paraphrasen, die auf dem neuen Abstraktionsniveau nicht als wesentlich inhaltstragend erachtet werden
- Übernehmen der Paraphrasen, die weiterhin als zentral inhaltstragend erachtet werden (Selektion)

Z4: Zweite Reduktion
- Paraphrasen mit gleichem (ähnlichem) Gegenstand und ähnlicher Aussage zu einer Paraphrase (Bündelung) zusammenfassen
- Paraphrasen mit mehreren Aussagen zu einem Gegenstand zusammenfassen (Konstruktion/Integration)

- Paraphrasen mit gleichem (ähnlichem) Gegenstand und verschiedenen Aussagen zu einer Paraphrase zusammenfassen (Konstruktion/Integration)

6.5.4. Ablauf der Kategorienbildung

Im Zentrum steht immer die Entwicklung eines Kategoriensystems. Diese Kategorien werden entweder induktiv (Technik: Zusammenfassung) oder deduktiv aus der Theorie (Technik: Strukturierung) abgeleitet (Mayring, 2007, zitiert in Ramsenthaler, 2013, S. 29). Beide Verfahren, die induktive und die deduktive Kategorienbildung, werden in folgender Abbildung gegenübergestellt.

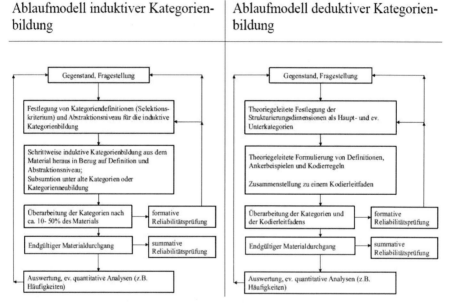

Abbildung 5: Gegenüberstellung von induktiver und deduktiver Kategorienbildung (entnommen aus Mayring, 2000, zitiert in Ramsenthaler 2013, S. 29)

„Das induktive Verfahren entwickelt die Kategorien innerhalb eines ‚bottom-up'-Prozesses aus dem Material heraus. Nach anfänglicher Festlegung des Abstraktionsniveaus und der Kodier-, Kontext- und Auswertungseinheiten wird das Material zusammengefasst und Kategorien werden aus dem Sinngehalt der Textstellen abgeleitet.

Das deduktive Verfahren hingegen beginnt mit der Definition der Kategorien, der Bestimmung von Ankerbeispielen und Kodierregeln und wendet dieses vorab gebildete Kategoriensystem dann ‚top-down' am Material an.

Das Gemeinsame beider Vorgehensweisen besteht in der Überarbeitung des Kategoriensystems. Dies geschieht anhand von Textstellen, die nicht in das System eingeordnet werden können und damit die Bildung neuer Kategorien notwendig machen.
In beiden Fällen wird das fertige Kategoriensystem in einem endgültigen Materialdurchgang erneut getestet. Das heißt, dass mit Hilfe des fertigen Kategoriensystems erneut alle Textstellen kodiert werden. Kategorien werden damit immer aus dem Material entwickelt, überarbeitet, angepasst und rücküberprüft" (Mayring, 2000, zitiert in Ramsenthaler, 2013, S. 30).

„Das Ergebnis ist ein System an Kategorien zu einem bestimmten Thema, verbunden mit konkreten Textpassagen. Die weitere Analyse kann nun verschiedene Wege gehen:

- das ganze Kategoriensystem kann interpretiert werden im Sinne der Fragestellung.
- es können entweder induktiv (im Sinne zusammenfassender Inhaltsanalyse) oder deduktiv (mithilfe theoretischer Erwägungen) Hauptkategorien gebildet werden
- es können quantitative Analysen, z.B. Häufigkeiten der Kategorien, angefügt werden" (Mayring, 2010, S. 85).

Das Kategoriensystem, anhand dessen die Ergebnisse in dieser Masterarbeit erstellt wurden, beinhaltet die Hauptkategorien Selbstbestimmung, Gesundheit, Fremdbestimmung, Vorteile der Persönlichen Assistenz, Nachteile der Persönlichen Assistenz und Konfliktfelder Helfer – Empfänger. Die Hauptkategorien wurden aufgrund der Themenexplikation sowie der theoretischen Grundposition – Lebensqualität erstellt. Die Subkategorien wurden aufgrund des gewonnen Datenmaterials erstellt. Folgende Übersicht soll das Kategoriensystem mit den Hauptkategorien und zugehörigen Subkategorien veranschaulichen:

Selbstbestimmung
>   Wohnen
>
>   Freizeit

Gesundheit
>   Ausbildung für persönliche AssistentInnen

Fremdbestimmung
>   Institution
>
>   Persönliche Assistenz
>
>   Behörde

Vorteile der persönlichen Assistenz
>   Entlastung Angehörige
>
>   Kompetenzwahrnehmung

Nachteile/Schwierigkeiten/Herausforderungen der persönlichen Assistenz
>   Assistenz als Beruf
>
>   Bürokratie
>
>   Angehörige
>
>   Personalsuche
>
>   Informationen

Konfliktfelder Helfer – Empfänger
>   Arbeit
>
>   Kommunikation
>
>   Nähe und Distanz

Die Textbestandteile, die durch die Kategorien angesprochen wurden, wurden systematisch mit Hilfe eines Textanalysesystems (MAX QDA11) geordnet, paraphrasiert und generalisiert.

6.6. Grenzen der Untersuchung

Eine wesentliche Einschränkung dieser Untersuchung ergibt sich aus dem interviewten Personenkreis. Es wurden nur Menschen mit körperlicher Behinderung interviewt, was im Rahmen dieser Masterarbeit auch so vorgesehen war. Eine umfassende Untersuchung, die auch Menschen mit Lernschwierigkeiten miteinschließt, würde sicher zu weiteren Erkenntnissen bezüglich der Lebensqualität führen.

Eine weitere Einschränkung ergibt sich aufgrund dessen, dass nur Personen befragt wurden die bereits mit Persönlicher Assistenz leben. Um einen bedeutenden Unterschied zwischen Persönlicher Assistenz und anderen Lebensformen von behinderten Menschen feststellen zu können, wäre eine vergleichende Untersuchung durch Befragung von behinderten Menschen in institutionellen Einrichtungen und behinderten Menschen, welche mit Persönlicher Assistenz leben, vorteilhaft.

Schließlich ergibt sich auch eine Einschränkung der vorliegenden Untersuchung aufgrund der Anzahl an Interviews. Es wurden im Rahmen dieser Masterarbeit nur acht Leitfadeninterviews durchgeführt, wodurch die Ergebnisse eingeschränkt auf die Gesamtheit der körperbehinderten Menschen, welche mit Persönlicher Assistenz leben, zu betrachten sind.

7. Ergebnisse

7.1. Überblick über die InterviewpartnerInnen

7.1.1. Demographische Daten

Interview	Geschlecht	Alter	Ausbildung	Beruf
Herr A.	männlich	29	Maturaniveau	freiberuflich tätig
Frau K.	weiblich	35	Maturaniveau	geringfügig beschäftigt
Frau S.	weiblich	33	Pflichtschulabschluss	tätig in einer Tageswerkstätte
Herr B.	männlich	38	Maturaniveau	Geschäftsführer seines eigenen Vereins
Herr M.	männlich	45	Universitätsabschluss	geringfügig beschäftigt
Frau M.	weiblich	38	Lehrabschluss	nicht berufstätig
Herr S.	männlich	46	Universitätsabschluss	geringfügig beschäftigt
Frau P.	weiblich	45	Pflichtschulabschluss	geringfügig beschäftigt

Tabelle 2: Demographische Daten der Interviewteilnehmer

Die InterviewpartnerInnen waren zum Zeitpunkt der Erhebung zwischen 29 und 46 Jahre alt. Es wurden vier männliche und vier weibliche Teilnehmer interviewt. Der Ausbildungsgrad variierte von Pflichtschulabschluss, Lehre, bis hin zu Maturaniveau und Universitätsabschluss. Bis auf eine Interviewpartnerin waren zum Zeitpunkt der Erhebung alle Teilnehmer berufstätig. Die Berufstätigkeit beschränkte sich bei vier Teilnehmern auf eine geringfügige Beschäftigung. Ein Teilnehmer ist freiberuflich tätig, eine Teilnehmerin arbeitet von Montag bis Freitag in einer betreuten Tageswerkstätte und ein Interviewpartner ist Geschäftsführer seines eigenen Vereins, wodurch er jedoch kein beruflich bedingtes Einkommen bezieht.

7.1.2. Familie und Wohnsituation

Interview	Familien-Stand	Kinder	Haustiere	Wohnsituation
Herr A.	ledig	keine	keine	lebt alleine
Frau K.	ledig	keine	Hund	lebt mit Lebensgefährten zusammen
Frau S.	ledig	keine	keine	lebt mit Lebensgefährten zusammen
Herr B.	ledig	keine	Hund	lebt alleine
Herr M.	ledig	keine	keine	lebt alleine
Frau M.	ledig	keine	Hund	lebt bei den Eltern
Herr S.	verheiratet	keine	keine	lebt mit seiner Frau zusammen
Frau P.	ledig	keine	keine	lebt alleine

Tabelle 3: Familie und Wohnsituation

Bis auf Herrn S. waren alle Teilnehmer zum Zeitpunkt der Untersuchung ledig. Bei keinem der Interviewpartner gibt es eigene Kinder, drei Interviewpartner haben einen Hund, wobei eine Interviewpartnerin einen ausgebildeten Assistenzhund besitzt. Alle Interviewpartner bis auf Frau M. – lebt bei ihren Eltern - lebten zum Zeitpunkt der Untersuchung in ihrer eigenen Wohnung. Herr S., welcher verheiratet ist, lebt mit seiner Frau zusammen. Frau S. und Frau K. leben gemeinsam mit ihrem Lebensgefährten zusammen. Die restlichen vier Interviewteilnehmer leben aktuell alleine in ihrer Wohnung.

7.1.3. Behinderung

Interview	Art der Behinderung	seit wann besteht die Behinderung
Herr A.	Querschnittslähmung	7 Jahre
Frau K.	Querschnittslähmung	9 Jahre
Frau S.	Querschnittslähmung inkomplett	3 Jahre
Herr B.	Friedreichsche Ataxie	18 Jahre
Herr M.	Querschnittslähmung	18 Jahre
Frau M.	Querschnittslähmung	15 Jahre
Herr S.	Querschnittslähmung	22 Jahre
Frau P.	Spastische quadriplegie	seit der Geburt

Tabelle 4: Behinderung

Bei allen Teilnehmern an den Interviews liegt eine körperliche Behinderung vor. Frau P. ist als einzige Teilnehmerin bereits von Geburt an auf einen Rollstuhl angewiesen und kennt daher das Leben als „Geher" nicht. Die anderen InterviewpartnerInnen leben zwischen drei und 22 Jahren mit ihrer körperlichen Behinderung.

7.1.4. Persönliche Assistenz

Interview	Anzahl der AssistentInnen	seit wann Assistenz/persönliches Budget
Herr A.	5	2 Jahre
Frau K.	6	3 Jahre
Frau S.	5	9 Monate
Herr B.	6	7 Jahre
Herr M.	3	3 Jahre
Frau M.	4	3 Jahre
Herr S.	5	3 Jahre
Frau P.	6	3 Jahre

Tabelle 5: Persönliche Assistenz

Alle Interviewpartner gaben an, offiziell mit Persönlicher Assistenz im Arbeitgebermodell erst seit der Gesetzesnovelle 2011 zu leben. Allerdings haben die meisten bis auf Frau S. und Herr A. bereits auch davor AssistentInnen beschäftigt, die sie jedoch „schwarz" ausbezahlt haben. Herr B. stellt eine Ausnahme dar. Er gab an bereits seit 7 Jahren mit Persönlicher Assistenz zu leben. Es kann davon ausgegangen werden, dass er einer der Ersten war, der eine Geldleistung zum Anstellen von AssistentInnen vom Land Steiermark erhalten hat. Alle Teilnehmer an der Untersuchung haben vier – sechs AssistentInnen angestellt mit Ausnahme von Herrn M., der angab nur drei AssistentInnen zu beschäftigen, da es sich finanziell bei ihm nicht anders ausgehen würde.

7.2. Ergebnisse aufgrund des Kategoriensystems

7.2.1. Selbstbestimmung

Lebensqualität geht für körperbehinderte Menschen stark mit Selbstbestimmung einher. Für die interviewten Personen ist Lebensqualität selbst zu entscheiden, wie sie ihren Tagesablauf gestalten möchten. Es geht darum selbst zu bestimmen, wann wo und wie Unterstützung gebraucht wird. Im Sinne des Normalisierungsprinzips ist Lebensqualität für körperbehinderte Menschen ein Leben zu führen, wie es „gesunde" Menschen auch tun. Dabei ist den interviewten Personen durchaus bewusst, dass sie durch ihre Behinderung nicht im Stande sind alle Aktivitäten des täglichen Lebens selbstständig auszuführen.

Frau K. *„Persönliche Assistenz erlaubt es mir weitgehend selbstbestimmt über mein Leben zu entscheiden. Ich habe dadurch die Möglichkeit, mir mein Leben in den eigenen vier Wänden zu organisieren. Es ist mir wichtig, selbst zu bestimmen, was ich wann, wo und wie mache. Kurz gesagt Lebensqualität ist heute für mich Selbstbestimmung"* (Frau K., 7).

Zeit haben für sich selbst, für Freizeitaktivitäten sowie Freunde und Reisen, gehören für körperbehinderte Menschen auch zur Lebensqualität. Die Interviewten räumen jedoch ein, dass solche Aktivitäten aufgrund der Behinderung nur durch viel Organisation und letztendlich durch Unterstützung von persönlichen AssistentInnen möglich sind. Ein weiterer wichtiger Aspekt, der die Lebensqualität von körperbehinderten Menschen beeinträchtigt, ist Barrierefreiheit im Sinne von Entscheidungsfreiheit d.h. wählen zu können aus Angeboten, welche der gesamten Gesellschaft geboten werden.

Herr S. *"Einfach Mitleben können und teilhaben können am Leben in einer selbstbestimmten Art und Weise, die man selber entscheiden kann und dass man auch die notwendige Unterstützung haben kann". (Herr S., 23) ... "Das gehört auch zu Lebensqualität, also einfach aus den gleichen Angeboten wählen zu können wie alle anderen Menschen auch. Und Assistenz ist da natürlich eine unabdingbare Hilfe, um auch bestehende Barrieren besser bewältigen zu können". (Herr S., 36)... "Lebensqualität wäre wahrscheinlich auch dann, wenn die UN Konvention voll umgesetzt wäre. Wo es inklusive Schulbildung von klein auf gebe und das Thema Behinderung - Was ja dann auch normal in der Gesellschaft geworden wäre und dafür kämpfe ich halt auch"* (Herr S., 36)

Die Aussagen der interviewten Personen spiegeln sich in den subjektiven Faktoren des Konzepts Lebensqualität wieder.

- Kompetenzerleben: das Gefühl, etwas aus eigener Kraft bewegt zu haben
- Autonomie: bedeutet, über seine Belange selber entscheiden zu können und geht einher mit Wahlfreiheit und Selbstbestimmung
- Soziale Eingebundenheit: man kann mit Menschen zusammen sein, die einem was bedeuten
- Sinn: bedeutet, das zu realisieren, was für einen Menschen wertvoll ist (Hennessey & Mangold, 2012, S. 32).

Kompetenzerleben zeigt sich bei den interviewten Personen, indem sie der Meinung sind, sich ihren Alltag selbstständig zu organisieren. Durch Persönliche Assistenz sei es ihnen möglich, das Personal selbst auszusuchen, sie müssten sich nicht an vorgegebene Aufsteh- und zu Bettgehzeiten halten. Autonomie, Selbstbestimmung und Wahlfreiheit sind bei der Frage nach der Lebensqualität bei körperbehinderten Menschen die entscheidenden Faktoren. Die Lebensqualität der interviewten Personen hat sich aufgrund der Behinderung verändert. Es stehen neue Prioritäten im Vordergrund. Körperbehinderten Menschen sind im Zusammenhang mit Lebensqualität vor allem das Ausmaß an Selbstbestimmung sowie Zeit haben für Aktivitäten wichtig, wobei durchaus bewusst ist, dass sie auf Unterstützung in fast allen Lebensbereichen angewiesen sind und somit nicht vollkommen selbstbestimmt agieren können.

Es besteht ein Abhängigkeitsverhältnis zu den AssistentInnen, wodurch die Lebensqualität negativ beeinflusst wird, was aber nur teilweise erkannt wurde. Die interviewten Personen sehen die Abhängigkeit von AssistentInnen vor allem darin, dass sie eine Person brauchen, die ihnen beim Aufstehen oder zu Bett gehen hilft. Wenn es dann vorkommt, dass ein

Assistent, aus welchen Gründen auch immer, ausfällt, entsteht eine Stress- oder Angstsituation, die sich negativ auf die Lebensqualität der interviewten Personen auswirkt.

Soziale Eingebundenheit oder Teilhabe am Leben wurden bei den InterviewpartnerInnen ebenfalls als Bedingung für eine gute Lebensqualität genannt. Persönliche Assistenz würde ihnen die Möglichkeit geben, aufgrund der erhöhten Mobilität und Flexibilität, sich mit Freunden zu treffen, Freizeitaktivitäten durchzuführen oder zu reisen. Hier steht sehr stark der Gedanke dahinter, ein Leben so zu führen wie es die restliche „gesunde" Gesellschaft auch tut.

Die interviewten körperbehinderten Menschen engagieren sich in Selbstvertretungsvereinen oder beruflich für Menschen mit Behinderung, dadurch wird die Lebensqualität in Richtung Sinnerfüllung verbessert.

Lebensqualität wird von körperbehinderten Menschen stark in Verbindung gebracht mit der Möglichkeit, in der eigenen Wohnung zu leben. Nach Seifert (2006) hat Selbstbestimmung im (Wohn-) Alltag eine große Bedeutung und kann realisiert werden, indem:

- „individuelle Bedürfnisse erkannt,
- die eigenen Kräfte, Fähigkeiten und Ressourcen entdeckt,
- das Leben selbst gestaltet,
- sich für die eigenen Rechte und Interessen eingesetzt und
- größtmögliche Kontrolle über das eigene Leben erlangt werden".

Die interviewten Personen bewerteten ihre Lebensqualität durchwegs positiv und sind der Meinung, dass Persönliche Assistenz einen großen Anteil daran hat, vor allem weil ein Leben in der eigenen Wohnung ermöglicht wird. Im Gegensatz zu der vorherigen Wohnform habe sich die Lebensqualität durch Persönliche Assistenz verbessert. Bei den interviewten Personen kamen vorwiegend die von Seifert (2006) genannten Faktoren - Bedürfnisakzeptanz, Lebensgestaltung, Lebenskontrolle – zum Ausdruck. Die interviewten körperbehinderten Menschen sind der Ansicht, dass Persönliche Assistenz es ermöglicht, selbstbestimmt zu entscheiden, wie ihr Leben auszusehen hat. Persönliche Assistenz sei auf ihre Bedürfnisse abgestimmt, würde es zulassen, ihr Leben selbst zu gestalten und somit größtmögliche Kontrolle erlauben.

7.2.2. Gesundheit

Die Gesundheit wird von den interviewten körperbehinderten Menschen als sehr wichtig auch in Bezug auf die Lebensqualität eingeschätzt. Die Aussagen zu diesem Thema zeigen, dass körperbehinderte Menschen mehr auf sich Acht geben und insbesondere die physische Gesundheit in den Vordergrund rückt. Schmerzen sind ein ständiger Begleiter und belasten die Lebensqualität hauptsächlich, aber auch Wundliegen und ein verändertes Körperbild allgemein werden als nicht förderliche Aspekte für die Lebensqualität genannt.

Herr B. *„Aufgrund meiner Behinderung ist Gesundheit schon ein besonderes Thema für mich. Ich habe eigentlich ständig schmerzen und das beeinträchtigt natürlich auch meine Lebensqualität. Meine Schmerzgrenze ist sogar total verschoben. Jeder andere gesunde Mensch würde sagen, dass er das nicht aushalten würde. Ich kann's nur aushalten, weil bei mir die Schmerzgrenze generell höher ist, weil ich einfach schon so lange damit lebe. All das hat natürlich schon Auswirkungen auf meine Lebensqualität, wenn ich Schmerzen habe mag ich halt auch nicht unter Leute gehen und bin dann oft schon ziemlich isoliert. Was mir schon was bringt ist Physiotherapie und Logopädie"* (Herr B., 15).

Dem Einfluss von Persönlicher Assistenz auf die Gesundheit bei körperlicher Behinderung stehen die interviewten Personen eher kritisch gegenüber. In einer stationären Einrichtung seien doch ausgebildete Leute beschäftigt, welche sich besser mit den physischen Problemen von körperbehinderten Menschen auskennen würden. Die Teilnehmer an dieser Untersuchung greifen bei gesundheitlichen Problemen auf professionelle Unterstützung durch Physiotherapie, Logopädie und Fachärzte (Urologen, Neurologen) zurück. Auf die Frage, ob es Sinn mache für die AssistentInnen eine Ausbildung anzubieten, verneinen die interviewten körperbehinderten Menschen. Es wäre höchstens eine Ausbildung für die Arbeitgeber sinnvoll, damit diese ihre AssistentInnen besser einschulen können.

Herr M. *„Nein warum und um Gotteswillen keine Ausbildung für die Assistenten. Ich bin Oldschool, es ist nicht, dass unsere Assistenten die Ausbildung brauchen, sondern wir als Arbeitgeber brauchen die Ausbildung, damit wir in der Lage sind unsere Assistenten auszubilden – der umgekehrte Weg. Deshalb gibt es ja die Persönliche Assistenz, sonst könnte man eh mit all den ausgebildeten Leuten, die herumlaufen, arbeiten"* (Herr M., 27).

Die interviewten Personen in dieser Untersuchung gaben an, dass sie gelernt hätten mit ihren gesundheitlichen Problemen zu leben. Vor allem Schmerzen werden als ständig präsent angegeben, wodurch auch der soziale Kontakt eingeschränkt sei. Die Teilnehmer an dieser

Untersuchung gaben an, aufgrund der physischen Einschränkungen nicht voll am Leben teilhaben zu können.

Frau M. *„Gesundheit ist anstrengend. Es ist ein ewiges Auf und Ab" (Frau M., 143). ... „Du bist die ganze Zeit immer nur am Schauen, dass du dich halbwegs über Wasser haltest. Der Kopf will zwar, aber der Körper tut überhaupt nicht mit. Ich bin wahnsinnig schmerzempfindlich und hab eine Wetterfühligkeit seit dem Unfall". ... Da kannst dann nichts machen, wenn dann die Leute sagen „Gehen wir wo hin", oder was...Dann kann ich nicht. Ich kann nicht und das passiert dann relativ oft und irgendwann hören die Leute dann auch auf sich bei dir zu melden"* (Frau M., 142-200).

Krankheitsbedingte physische Beschwerden werden von den interviewten körperbehinderten Menschen als Hauptursache für eine gesundheitsbedingte Einschränkung der Lebensqualität genannt. Es sind vor allem Schmerzen, die dazu führen, dass die interviewten Personen nicht voll am gesellschaftlichen Leben teilhaben können. Eine Veränderung durch Persönliche Assistenz wird von den InterviewpartnerInnen nicht wahrgenommen. Persönliche Assistenz kann somit nur wenig Einfluss auf den Gesundheitszustand von körperlich behinderten Menschen nehmen, wenn es sich um eine ausschließlich auf physische Beeinträchtigungen beschränkte Sichtweise handelt.

Obwohl die interviewten Personen bei gesundheitlichen Problemen auf Fachkräfte mit Ausbildung zurückgreifen, wünschen sich die an dieser Untersuchung teilgenommenen Personen keine Ausbildung für die AssistentInnen. Dadurch, dass die Anleitungskompetenz von körperbehinderten Menschen sehr stark wahrgenommen wird, sei eine Ausbildung nicht notwendig. Es zeigt sich, dass körperbehinderte Menschen sehr gut über ihre Bedürfnisse Bescheid wissen und selbst darüber entscheiden wollen, wie die Pflege an ihnen passieren soll. Somit kommt auch beim Thema Gesundheit der Selbstbestimmungsgedanke zum Ausdruck, indem körperbehinderte Menschen selbst entscheiden, welche pflegerischen Tätigkeiten von den AssistentInnen durchgeführt werden.

7.2.3. Fremdbestimmung

Wie Fremdbestimmung empfunden wird, hängt für die interviewten Personen stark von ihrer vorherigen Lebenssituation ohne Persönliche Assistenz ab. Der Großteil der interviewten körperbehinderten Menschen lebte vor Persönlicher Assistenz in einer Form von institutioneller Einrichtung oder mit Hilfe von ambulanten Hilfsdiensten bzw. bei den Eltern zuhause. Das Leben in einer stationären Einrichtung wie es auch eine Wohngemeinschaft darstellt, erleben die interviewten Personen dahingehend fremdbestimmt, dass man sich in eine Gemeinschaft eingliedern muss, wodurch einem Möglichkeiten, sein Leben frei zu gestalten, genommen würden.

Herr A. *„Vorher war ich in einer Sozialeinrichtung. Da ist das Problem: Da ist eine Gemeinschaft. In der Gemeinschaft musst dich eingliedern. Du musst dich nach dem, was eingeplant ist, richten. Du hast begrenzte Möglichkeiten"* (Herr A., 11).

Die Lebensgestaltung ist von strukturellen Rahmenbedingungen abhängig. Menschen mit körperlicher Behinderung haben nur wenig Mitspracherecht, wenn es darum geht, zu bestimmen, wann sie aufstehen, essen, zu Bett gehen möchten, dadurch wird nicht auf ihre Bedürfnisse individuell eingegangen. Als fremdbestimmt wird in institutionellen Einrichtungen vor allem die Entscheidungsfreiheit bezüglich des Personals wahrgenommen. Sollte eine betreuende Person nicht den Vorstellungen des körperbehinderten Menschen entsprechen, könne man nicht sagen, dass man gerne von jemand anderen betreut wird.

Ein weiterer Punkt, den die interviewten Personen angesprochen haben, ist die Abhängigkeit von Hilfsdiensten. Menschen mit Behinderung möchten gerne nach ihren eigenen Vorstellungen leben, jedoch wäre dies bei einem Leben in stationären Einrichtungen oder auch mit ambulanten Hilfsdiensten nicht möglich, da das Personal selbst Vorstellungen von der Art der Hilfeleistung habe und diese einbringen möchte. Als fremdbestimmt erlebten die interviewten Personen auch die Zeiteinteilung. In der stationären oder auch in der ambulanten Behindertenhilfe sei es nicht möglich, selbst zu bestimmen wie lange die Hilfe in Anspruch genommen wird.

Herr S. *„Aber gerade im Bereich Familie schaut die Selbstbestimmung ganz anders aus...Das ist ja immer ein Abhängigkeitsverhältnis, immer ein Verhältnis wo man für alles bitte und danke sagen muss, wo man die anderen auch vor den Kopf stößt, wenn man eigene Vorstellungen hat und ganz klar sagt. Das ist für die immer ein bisschen eine Goodwill-Sache, d. h. dann auch, dass die immer ihre eigenen Vorstellungen einbringen wollen in die Hilfestellung und damit ist es eigentlich nicht mehr selbstbestimmt"* (Herr S., 48).

Herr B. *„.... in der Wohngemeinschaft hat keiner wirklich Zeit für dich. Wenn ich irgendwas gebraucht hab – klingeln – dann kommt jemand, gibt dir was du haben willst – schnell, schnell – und ist wieder weg. Hinlegen, ausziehen ... passt. Ja und während das gemacht wird, hat inzwischen schon wieder*

der nächste angeläutet. Es ist halt zwangsläufig so in einer stationären Einrichtung. Es kommt einen so vor wie eine Abfertigung" (Herr B., 24).

Herr M. *„Eine stationäre Einrichtung ist von der Struktur her nix anderes als ein Gefängnis. Außerdem sind das legalisierte Folteranstalten. Es gibt aus Mitte der 90er Jahre ein Urteil des Europäischen Menschenrechtsgerichtshof wo drinnen steht, dass das Verweigern von bedarfsgerechter Assistenz ein Verstoß gegen Artikel 3 der Europäischen Menschenrechtskonvention ist. Artikel 3 ist das Verbot von Folter und unwürdiger Behandlung". … „Friss oder stirb! Also welche Art von Selbstbestimmung ist das. Selbstbestimmung ohne Wahl"* (Herr M., 11-19).

Fremdbestimmung durch Persönliche Assistenz wird von den interviewten körperbehinderten Menschen nur sehr begrenzt wahrgenommen. Den interviewten Personen ist bewusst, dass sie Unterstützung in sehr vielen Lebensbereichen benötigen und deshalb auf Assistenz angewiesen sind. Fremdbestimmung wird in diesem Zusammenhang darin erlebt, dass körperbehinderte Menschen täglich auf viele Handgriffe angewiesen sind und diese nicht so ausgeführt werden, wie sie der Vorstellung des behinderten Menschen entsprechen.

Fremdbestimmung und Abhängigkeit wird von den interviewten Personen auch empfunden durch die Bittstellung an die zuständige Behörde. Assistenzleistung wird beschränkt durch das Stundenausmaß, welches einem jährlich zugesprochen wird, wodurch es schwierig werden kann genügend Unterstützung zu erhalten.

Herr A. *„wenn das Budget niedrig ist, sowie es bei mir am Anfang war. Dann hat man schon Probleme wenn es draußen kalt oder wenn es draußen regnet. Dass man die Wohnung quasi fast nicht verlassen kann"* (Herr A., 16).

Die Behörde würde nicht über die Kompetenz verfügen, den Unterstützungsbedarf von behinderten Menschen einschätzen zu können. Behinderte Menschen würden von den MitarbeiterInnen in der Behörde nicht ernstgenommen und nicht wissen, was Selbstbestimmung für einen behinderten Menschen heißt.

Herr M. *„Die behindertenfeindlichsten Personen finden sie grundsätzlich in Abteilungen wo es um Behindertenangelegenheiten geht. Das Problem ist auch, dass in dieser Abteilung auch fast keine behinderten Menschen arbeiten. Was sollen diese Leute viel mit Selbstbestimmung anfangen. In Österreich haben wir nach wie vor die Untertanenmentalität, das heißt, wenn von oben von irgendeiner Behörde was bestimmt wird, heißt es die Behörde hat Recht, auch wenn sie das nicht hat"* (Herr M., 40). …"*Ich finde es halt eine Frechheit, dass Leute über mich bestimmen dürfen, die keine*

Ahnung von der Materie haben. Manchmal empfinde ich das tatsächlich als Beleidigung" (Herr M., 53).

Fremdbestimmung wird von den interviewten Personen vorwiegend durch das Leben vor Persönlicher Assistenz wahrgenommen. Das Leben in einer stationären Institution, wie beispielsweise einer Wohngemeinschaft, war für die an der Untersuchung teilnehmenden Personen dahingehend wichtig, um sich mit der Behinderung auseinanderzusetzen. Körperbehinderte Menschen müssen lernen ihre neue Lebenssituation anzunehmen und ein Leben mit Persönlicher Assistenz wäre für die meisten anfangs sicher eine Überforderung gewesen.

Die Fremdbestimmung, welche auch durch die Abhängigkeit von persönlichen AssistentInnen besteht, zeigt sich dadurch, dass Handlungen nicht so ausgeführt werden, wie es von den körperbehinderten Menschen gewünscht wird.

Fremdbestimmung wird bei einem Leben mit Persönlicher Assistenz auch durch die Abhängigkeit von Behörden empfunden. Die interviewten körperbehinderten Menschen brachten zum Ausdruck, dass die Bittstellung um die Bewilligung von Assistenzstunden nicht selbstbestimmt sei. Die Lebensqualität, vor Persönlicher Assistenz, beurteilten die interviewten körperbehinderten Personen mehrheitlich als befriedigend, weil nicht auf individuelle Bedürfnisse und Selbstbestimmung im Alltag eingegangen würde.

7.2.4. Vorteile von Persönlicher Assistenz

Die an der Untersuchung teilgenommenen Personen empfinden das Leben mit Persönlicher Assistenz als flexibler. Man könne seine Lebensgestaltung spontaner gestalten, indem auch mal kurzfristig ein oder eine AssistentIn organisiert wird. Man könne sich alles selber einteilen und müsse keine Rücksicht nehmen auf andere Bewohner wie es in stationären Einrichtungen der Fall ist. Menschen mit Behinderung hätten dadurch den Vorteil egoistischer sein zu können und AssistentInnen hätten dann ausschließlich Zeit für ihren Arbeitgeber. Ein weiterer wesentlicher Vorteil den die befragten Personen benannten, ist, dass durch Persönliche Assistenz ein Leben in der eigenen Wohnung möglich sei.

Herr B. *„Ich habe mein Leben zurück. Vorher hatte ich kein eigenes Leben mehr. Ich lebe jetzt wieder in Eigenregie, habe auch die ganze Verantwortung für mein Leben wieder. Meine Verantwortung, was in meinem Leben passiert"* (Herr B., 40).

Die interviewten körperbehinderten Menschen sehen es auch als Vorteil, dass Persönliche Assistenz ihnen die Möglichkeit gibt, Kompetenzen wie Anleitungs-, Finanz-, Organisations- und Personalkompetenz wahrzunehmen, wodurch sehr viel Selbstbestimmung gegeben sei. Wenn diese Kompetenzen gelebt würden, sei es möglich, eine passgenaue Assistenz zu haben, was die Lebensqualität erheblich verbessere.

Herr M. *„Ich will es keinem aufzwingen, aber ich sage einmal Persönliche Assistenz im Dienstgebermodell ist die einzige Möglichkeit bei der man die fünf oder sechs Kompetenzen je nach Definition tatsächlich hat. Wo man das Recht hat, diese auszuleben. Generell muss man sagen, ein Leben mit Persönlicher Assistenz ist nicht so schwer zu organisieren. Man kann es lernen alle Kompetenzen umzusetzen, insbesondere auch die Finanzkompetenz, die sehr viele an einen Steuerberater abgeben. Es ist nicht so schwer.* (Herr M., 63-64).

Bei einigen interviewten Personen haben sich auch Freundschaften zwischen Arbeitgeber und AssistentInnen gebildet, was dahingehend als Vorteil betrachtet wird, dass man eine gemeinsame Kommunikationsebene habe, Dinge gemeinsam unternehmen könne und das Gefühl habe, die AssistentInnen kommen gerne zur Arbeit.

Herr B.: *„Ich versuch immer und ich glaub es gelingt mir auch ziemlich gut, dass ich eine Freundschaft versuche aufzubauen und meine AssistentInnen sich wohlfühlen. Ich hab sie alle gern und es sind alles meine Kumpl. Ich will ja auch, dass meine AssistentInnen gerne zu mir kommen. Es geht ja darum einen Beruf zu haben, der einen Spaß macht. Ich hab das Gefühl, dass sie wild gerne zu mir kommen. Wenn es den AssistentInnen gefällt, taugt es auch mir, es macht dann halt mehr Spaß. Ich mag ja auch nicht ständig nach neuen AssistentInnen suchen müssen, deshalb schau ich, dass das Arbeitsklima gut ist"* (Herr B., 30).

Mit den finanziellen Mitteln kommen eigentlich alle interviewten körperbehinderten Menschen sehr gut aus. Die Budgethöhe scheint nach Angaben der in dieser Untersuchung interviewten Personen angemessen zu sein. Dadurch, dass die Assistenzleistung als Geldbetrag ausbezahlt wird, haben körperbehinderte Menschen den Vorteil, sich ihre Unterstützung so zu organisieren wie sie situationsbedingt benötigt wird (z.B. Jahreszeitenabhängig). Wenn der Geldbetrag passend ausbezahlt würde, könnten die interviewten körperbehinderten

Menschen selbstbestimmt Leben und dies würde sich auch positiv auf die Lebensqualität auswirken.

Die interviewten Personen, welche durch ihre Lebensgefährten Partner oder Eltern unterstützt werden, sehen als Vorteil der Persönlichen Assistenz eine Entlastung der Angehörigen. Es ist für die interviewten körperbehinderten Menschen sehr wichtig, dass Assistenz und Partnerschaft getrennt werden, wobei bei alltäglichen Handgriffen, vor allem am Wochenende, die Angehörigen unterstützend wirken.

Herr S. *„Mir ist das wichtig, dass meine Frau an sich nur ganz unvermeidbare Teile übernimmt, wenn man halt irgendwo gemeinsam unterwegs ist. Und sonst auch unterstützt wird durch die Assistenten und Assistentinnen, die da sind, dass diese ihr was abnehmen"* (Herr S, 79).

Frau M. *„Bin eben unabhängig, weil die Mama ist doch jetzt schon 63, der Papa 73, mit dem kann ich gleich gar nichts anfangen…und das Fortgehen und unterwegs sein, das ist halt anstrengend für die Mama. … „Also für mich ist wichtig, dass die Mama mehr Entlastung hat"* (Frau M., 22).

Die Vorteile der persönlichen Assistenz lassen sich in Hinblick auf die subjektiven Faktoren der Lebensqualität nach Hennessy & Mangold (2012) und der Lebensqualitätsfaktoren nach Seifert (2006) interpretieren.

Kompetenzerleben wird durch das Wahrnehmen, der für das Leben mit Persönlicher Assistenz notwendigen Kompetenzen, insbesondere der Anleitungskompetenz, als Vorteil erlebt. Persönliche Assistenz ermöglicht, dass behinderte Personen bestimmen können, was, wie und wo, täglich passiert oder gemacht werden soll. Kompetenzerleben geht damit direkt einher mit Selbstbestimmung und Autonomie.

Soziale Eingebundenheit wird auch erlebt durch die teilweise entstehende Freundschaft mit den AssistentInnen. Wenn die Assistenzbeziehung freundschaftlich wird, unternimmt man lieber gemeinsam etwas und dadurch kann man einer Isolation entgegenwirken.

Bedürfnisakzeptanz ist bestimmt einer der größten Vorteile von persönlicher Assistenz. Körperbehinderte Menschen haben unterschiedliche Bedürfnisse was die alltägliche Lebensgestaltung betrifft und mit Persönlicher Assistenz ist es möglich, auf diese spontan, flexibel und situationsbedingt zu reagieren.

7.2.5. Nachteile, Schwierigkeiten und Herausforderungen bei einem Leben mit Persönlicher Assistenz

Schwierigkeiten bei einem Leben mit Persönlicher Assistenz wurden von den interviewten körperbehinderten Menschen vor allem bei der Personalsuche genannt. Es sei oft anstrengend und zeitaufwendig, Leute zu finden, die zu einem passen. Zwar würde man schon beim Vorstellungsgespräch darauf achten, wie flexibel und zuverlässig jemand ist, jedoch haben alle Interviewten schon die Erfahrung gemacht, dass Personen einfach nicht zum Dienst erschienen sind. Männliche körperbehinderte Menschen würden aufgrund der pflegerischen Tätigkeiten vorzugsweise männliche persönliche Assistenten suchen, was sich als besondere Herausforderung herausstellt.

Herr M. *„Wenn man die persönliche Assistenz hernimmt, ist es ganz einfach – ich würd zum Beispiel hauptsächlich Männer suchen, was ich mittlerweile eh aufgegeben habe". … „Wenn ich Männer finde, die als persönlicher Assistent arbeiten möchten, und sie passen. bin ich sehr froh darüber. Wenn es darum geht, wem ich meinen nackten Körper präsentiere, tue ich das lieber gegenüber Männern. Wenn es darum geht, irgendjemand angezogen zu begegnen, ist es mir egal, ob die Assistenz eine Frau oder ein Mann leistet. Aus zehn Bewerbungen, bleibt wenn es gut geht, überhaupt nur einer übrig* (Herr M, 61).

Ob man einfach Personal findet oder nicht sei auch abhängig vom Wohnort, in einer Studentenstadt wie Graz sei dies einfacher, schwierig würde es für die Interviewten auf dem Land werden. Die an der Untersuchung teilgenommenen körperbehinderten Menschen meinten auch, dass man aus Angst niemanden zu finden, der Persönliche Assistenz leistet, versucht sei vorschnell jeden anzustellen, was sich jedoch im Nachhinein oft als Fehler herausstellen würde.

Frau K. *„Die größte Herausforderung ist sicher die Personalsuche. Wenn du mal ein gutes Team gefunden hast, ist es super. Am Anfang hatte ich Angst, niemanden zu finden und da hab ich sicher den Fehler gemacht gleich die erst Beste anzustellen. Oft hat es dann einfach nicht gepasst. Entweder waren die Leute zu alt und dadurch fehlt einfach die Gesprächsbasis oder man war nicht auf einer Wellenlänge". … „Die Suche nach Assistenten kann schon sehr lange dauern. Wenn du jemanden gefunden hast, musst du einige Zeit investieren in die Einschulung, das ist oft schon anstrengend. Schwierig ist auch, wenn du dich auf die Leute nicht verlassen kannst. Es ist vorgekommen, dass ich morgens im Bett lieg und keiner kommt zum Dienst, dann musst du schauen, dass du einen Ersatz findest – das geht schon an die Substanz – dieses ganze Organisieren".* (Frau K, 25)

Persönliche Assistenz würde meistens von Studenten geleistet, was zu einigen Nachteilen führt. Man müsse auf Stundenplan und Lernphasen Rücksicht nehmen und viele Studenten würden über die Sommermonate nicht verfügbar sein. Es wird deshalb von den interviewten körperbehinderten Menschen als Herausforderung betrachtet den Beruf Persönliche Assistenz attraktiver zu machen. Derzeit sei Persönliche Assistenz nur als Nebenjob gut geeignet und es sei halt ein Problem, weil es ein ständiges Kommen und Gehen gibt. Persönliche Assistenz solle jedoch stabil sein, weil eine gute Assistenzbeziehung auch Zeit brauchen würde.

Herr S. *„Assistenz muss ein attraktiver Beruf sein in Österreich. Also Assistenz zu leisten darf nicht heißen, dass es ein prekärer Job ist, den mach ich jetzt ein paar Wochen lang und dann eh dauernd auf der Suche nach was Neuem, weil es widerspricht der Sinnhaftigkeit von Assistenz. Gute Assistenzbeziehungen brauchen auch eine Zeit lang um zu wachsen und zu entstehen". Und deswegen sollte es eher in Richtung Stabilität gehen. Sicherheit für die AssistentInnen in Bezug auf alle arbeitsrechtlichen Dinge, die anderen Arbeitsleistenden auch zustehen: Arbeitslosenversicherung, Kranken-Pensionsversicherung, Unfallversicherung".* (Herr S., 200-207)

Als Nachteil wird von den interviewten Personen des Weiteren gesehen, dass Angehörige nicht angestellt werden dürfen und somit keine Entlohnung erhalten für Tätigkeiten, die sie für die betroffenen Personen ausführen.

Herr S. *„Jetzt ist das Assistenzsystem im Moment so einjustiert auf unsere Form des Zusammenlebens von mir und meiner Frau. Wo halt auch einkalkuliert ist, wie viel ist sie da, wie viel ist sie nicht da. Und wenn es plötzlich umgestellt werden muss, dann ist es auch schwer, plötzlich viel mehr Assistenz zu organisieren und so...und da braucht man da auch plötzlich mehr Stunden. Und deswegen sag ich irgendwie, mir wäre es lieb und einfach nur gerecht, wenn sie daraus was bezahlt bekommen könnte, aus dem Budget"* (Herr S., 79).

Herr M. *„Es gibt Gerichtsurteile, die besagen, dass die Erbringung von Assistenzleistungen für Leute mit erhöhtem Assistenzbedarf bei weitem die Beistandspflicht übersteigt und das was sie übersteigt, haben Familienangehörige gefälligst auch bezahlt zu werden"* (Herr M., 40).

Derzeit haben in der Steiermark nur körper- oder/und sinnesbeeinträchtigte Menschen Anspruch auf Persönliche Assistenz. Die in dieser Untersuchung teilgenommenen körperbehinderten Menschen brachten zum Ausdruck, dass dies eine große Ungerechtigkeit sei, denn Persönliche Assistenz würde ihrer Ansicht nach jedem Menschen mit Behinderung zustehen. Außerdem widerspreche diese Regelung der UN-Behindertenrechtskonvention. Es wäre sinnvoll für Menschen mit Lernschwierigkeiten eine Vertrauensperson bereitzustellen, welche hilft, die Assistenz, in den Bereichen die nicht selbst erledigt werden können, zu organisieren.

Herr S. *„Meine Vision wäre schon das im Prinzip Geldmittel bei jeden Menschen, oder bei dessen Nahestehenden, Kommunikator, im besten Fall irgendeiner nahen Person....Ich glaub schon, dass es möglich ist mit unterschiedlichen Unterstützungen möglichst selbstbestimmt zu leben. Und es kann sogar so sein, dass man sich fürs Organisieren von Assistenz, Assistenz braucht"* (Herr S., 103).

Sonstige Nachteile, die sich durch ein Leben mit Persönlicher Assistenz ergeben betreffen vorwiegend den bürokratischen Aufwand, den die körperbehinderten Menschen als belastend empfinden. Als Nachteil wird diesbezüglich gesehen, das jährliche Antragstellen um Weitergewährung des Persönlichen Budgets. Die interviewten körperbehinderten Menschen empfinden dies als ständige Bittstellung an die Behörde. Des Weiteren solle der Verwendungsnachweis von den Behörden auch überprüft werden, damit kein Missbrauch stattfinden könne. Der Selbsteinschätzungsbogen, welcher ausgefüllt werden muss um den individuellen Unterstützungsbedarf zu eruieren, wäre nach den Aussagen der interviewten Personen zu sehr auf die Defizite ausgerichtet.

Die interviewten Personen hatten auch das Gefühl von der Behörde nicht informiert zu werden, was ein Leben mit Persönlicher Assistenz bedeutet. Die interviewten Personen gaben an, Informationen und Hilfe durch andere behinderte Menschen erhalten zu haben, welche bereits mit Persönlicher Assistenz leben.

Herr A. *„Das Einzige was lästig ist beim Persönlichen Budget, dass man das Ganze jährlich beantragen muss. Das ist das einzige Lästige. Das zipft mich massiv an." Du wirst hingestellt als Bittsteller. Quasi betteln gehen, dass das kriegst. Das ist falsch, das gehört alles geändert auf: Bescheid auf zwei, drei Jahr ausgestellt, oder auf fünf Jahr. Und dann muss derjenige halt dann den Nachweis bringen jährlich und fertig ist die Geschichte"* (Herr A, 91-97).

Herr M. *Ich will nicht mehr von zwei Leuten begutachtet werden, die von Persönlicher Assistenz keine Ahnung haben oder von denen ich das Gefühl habe, die wissen nicht mal was Persönliche Assistenz ist. Was mich nervt sind diese Fragen zum Tagesablauf. Ich persönlich finde es blamabel, dass sie, weil sie arbeitsüberlastet sind oder sich nicht damit beschäftigen wollen, den Verwendungsnachweis alle sechs Monate abgeben muss. Ich hätte das ganz gerne gehabt, dass man so was zweieinhalbjährlich nachweist. Einfach, dass die Bescheide auf längere Dauer ausgestellt werden. Man soll den Betrag bekommen, dass man damit aber auch länger als ein Jahr arbeiten kann. So wie es in der Steiermark ist mit diesem Selbsteinschätzungsbogen alleine ist es ein Witz. Wenn man so einen*

Bogen ausfüllt, muss man schon masochistisch veranlagt sein, man muss sich mit dem beschäftigen, was kann ich genau alles nicht und wo überall brauche ich Hilfe und das ist nicht unbedingt eine nette Beschäftigung (Herr M., 42-52).

Informationen und vor allem Beratung sind wichtig. Viele Leute wissen nicht einmal, dass es das Persönliche Budget gibt und was die damit machen sollen und wie sie das verwenden...Aber sonst vom Magistrat habe ich keine wichtigen Informationen bekommen, die mir weiter geholfen hätten und was ich damit tue. Die haben so viel zu tun, dass die das gar nicht mitbedenken. Also dementsprechend sollten sie halt auch eigene Abteilung einführen oder ein eigenes Büro, wo dann eine Ansprechperson dafür da ist, die die ganzen Beratungsgeschichten macht" (Herr A., 386-405)

Trotz der sehr vielfältigen Nachteile, welche die Teilnehmer an der Untersuchung äußerten, sei die Lebensqualität mit Persönlicher Assistenz besser geworden. Die Nachteile betreffen vorwiegend die Personalsuche, was vor allem durch die Weiblichkeit des Berufes persönliche AssistentIn, für männliche Interviewte zur Herausforderung wird, da diese vorzugsweise männliche Assistenten suchen würden.

Weitere Nachteile äußerten sich vor allem durch Wünsche wie das Modell der Persönlichen Assistenz verbessert werden könne und somit auch die Lebensqualität der befragten Personen.

Die Lebensqualität könnte dadurch gesteigert werden, dass es möglich ist, auch Angehörige mittels Persönlichen Budgets zu entlohnen, wenn diese Assistenz leisten. Des Weiteren wäre es wichtig den Beruf Persönliche Assistenz attraktiver zu machen, somit würden längerfristige Dienstverhältnisse entstehen und behinderte Menschen wären nicht ständig mit neuer Personalsuche konfrontiert.

Erleichternd würde einiges, wenn behinderte Menschen, bevor sie mit Persönlicher Assistenz leben, eine kompetente Beratung erhalten würden. Informationen über das Leben mit Persönlicher Assistenz scheinen derzeit nicht einfach verfügbar zu sein, eine Peerberatung wäre deshalb sinnvoll. Die interviewten Personen möchten ernst genommen werden, und sich aktiv an der Behindertenpolitik des Landes beteiligen, was derzeit in der Steiermark nicht in vollem Ausmaß umgesetzt wird.

7.2.6. Konfliktfelder Helfer – Empfänger

Konfliktfelder zwischen AssistentInnen und deren Arbeitgeber sind nach den Aussagen der interviewten Personen immer wieder aufgetreten. Vorwiegend geht es darum, wie die AssistentInnen ihre Arbeit ausführen und inwieweit sie sich in die alltägliche Lebensgestaltung einmischen.

Frau P. *„Mir ist vor allem immer wichtig, dass die Assistentin die Dinge so macht wie ich sie vorgebe. Ist schon klar, dass jeder von ihnen ein eigenes Leben lebt und ihren Haushalt oder wie auch immer so macht wie es diejenige zuhause haben möchte, aber hier herinnen ist es mir wichtig, dass man es so macht, wie ich es vorgebe"* (Frau P, 18).

Grundsätzlich können nach Angabe der interviewten Personen Konflikte nur vermieden werden, indem man offen kommuniziert, was man gerne haben möchte und was nicht. Die Teilnehmer an der Untersuchung gaben an, richtige Kommunikation sei ein Lernprozess, der nie abgeschlossen sei.

Herr S. *„Herausfordernd ist, oder was zu Konflikten führen kann ist, wenn Assistentinnen nicht klar kommunizieren ... Also mir ist ganz wichtig, dass ich klar kommuniziere"* (Herr S., 130). *Also was ich überhaupt nicht vertrage, was auch mit meiner Behinderung zu tun hat, weil ich es jetzt schon so lange gewohnt bin, genau die Dinge anzusagen die ich brauche. Deswegen bin ich vielleicht auch sehr geschult darauf, was sind jetzt meine Bedürfnisse, wie soll ich eine Zeit einteilen oder was brauche ich zum Anziehen, beim Essen und so weiter. Und schwierig finde ich, wenn Assistentinnen Bedürfnisse haben, was sie natürlich haben dürfen, sollen und können, und das aber nur indirekt vermitteln ... Mich nicht so direkt ansprechen, so wie „Du pass auf bei mir ist es so...". Indirekte Kommunikation – keine klare Rückmeldungskultur. Das kann zu Konflikten führen"* (Herr S., 130).

Ein weiteres Konfliktfeld, welches sich bei einer Beziehung zwischen AssistentIn und Arbeitgeber auftut, ist, dass die meiste Zeit eine weitere Person anwesend ist. Die interviewten Personen gaben jedoch an, dass sie sich ihren Freiraum durchaus schaffen würden, indem sie vorwiegend an den Wochenenden weniger Assistenz in Anspruch nehmen.

Frau S. *„Da muss ich sagen, den Freiraum nehme ich mich dadurch ein bisschen, dass ich am Wochenende fast keine Assistenz habe. Dadurch habe ich doch wieder ein bisschen Luft – ich kann sagen Tür zu und fertig"* (Frau S, 51).

Bei allen an dieser Untersuchung teilgenommenen Personen entstand auch eine Freundschaft zu den Assistenten, hier würden Konflikte dann entstehen, wenn die Rollen nicht klar definiert seien.

Frau K. *„Persönliche Assistenz ist eben persönlich und da kommt es schon zu Konflikten. ...Es ist schon so, dass mit den AssistentInnen eine Freundschaft entsteht. Ich versuch auch in Kontakt zu bleiben, wenn eine bei mir aufhört. Allerdings hab ich nicht das Gefühl bei meinen Assistentinnen, dass ich sie für die Freundschaft bezahlen muss. Sicher, sie gehen auch arbeiten um Geld zu verdienen aber wie gesagt, hoff ich bei einigen auch später, wenn sie mal was anderes machen, in Kontakt zu bleiben. Es vermischt sich für mich Arbeit und Freundschaft schon sehr stark, das ist vielleicht nicht so gut aber bei Persönlicher Assistenz wahrscheinlich nicht vermeidbar – manchmal vergesse ich schon, dass die Leute bei mir sind wegen dem Geld in erster Linie"* (Frau K, 35-38)

Ein weiteres Konfliktfeld betrifft die Verschwiegenheit der AssistentInnen. Es sei schon vorgekommen, dass AssistentInnen sich nicht an die Verschwiegenheitsklausel, welche im Arbeitsvertrag steht gehalten haben, dann würden Dinge ausgeplaudert, welche niemanden etwas angehen würden.

Frau M. *„Ohne Vertrauen geht überhaupt nichts. Und das alleinig sind schon so Geschichten. Weil wenn ich jetzt unterwegs bin mit meinen Pflegerinnen, ist mir wichtig, dass ich was unternehmen kann ohne, dass meine Eltern etwas davon wissen. Und da sind dann schon ein paar Sachen erzählt worden von Pflegerinnen. Was ich nicht wollte, dass das weitergeht an Dritte und darum auch die Verschwiegenheitsklausel"* (Frau M., 212-213)

Persönliche Assistenz bedeutet einen Eingriff in die Intim- und Privatsphäre von behinderten Menschen. Konflikte sind somit unvermeidbar in einer so engen Beziehung wie es bei Persönlicher Assistenz meistens der Fall ist.

Wenn Arbeit nicht nach den Vorstellungen der Arbeitgeber erledigt wird, führt dies zu den häufigsten Konflikten in der Assistenzbeziehung. Körperbehinderte Menschen haben das Gefühl, ihre Selbstbestimmung betreffend Kompetenzerleben und Lebensgestaltung sei eingeschränkt, wenn AssistentInnen die Arbeit nicht nach den Vorgaben des Arbeitgebers ausführen. Deshalb ist eine offene, klare Kommunikation von beiden Seiten unverzichtbar.

Ein weiteres Konfliktfeld betrifft die Freundschaft, welche in der Assistenzbeziehung entsteht. Körperbehinderten Menschen ist bewusst, dass sie für Assistenzleistungen bezahlen, wenn nun jedoch die Freizeit miteinander verbracht wird, vermischen sich die Rollen. Jeder körperbehinderte Mensch löst dies individuell. Die Leistungen, welche in der Freizeit (z.B. gemeinsames Essen, Kaffeetrinken gehen, Kino usw.) für den Assistenten anfallen, werden von den in dieser Untersuchung interviewten körperbehinderten Menschen entlohnt, somit kann man von bezahlter Freundschaft sprechen.

Freiraum und genügend Zeit für sich selbst haben sind weitere Konfliktfelder in der Assistenzbeziehung. Körperbehinderte Menschen empfinden es als belastend und anstrengend ständig eine weitere Person um sich zu haben. Allerdings haben die interviewten Personen Möglichkeiten gefunden, wie sie sich ihren Freiraum schaffen. Interviewte Personen, die in einer Beziehung leben, schaffen sich Freiraum indem sie die Arbeit der Assistenten so einteilen, dass sie zumindest nicht im gleichen Raum stattfindet, somit findet eine räumliche Trennung statt und es ist möglich sich mit seiner/seinem Partner ungestört zu unterhalten. Freiraum und somit Distanz schaffen sich körperbehinderte Menschen des Weiteren indem sie insbesondere an den Wochenenden weniger Assistenz in Anspruch nehmen. Es ist jedoch so, dass dies vorwiegend bei körperbehinderten Menschen der Fall ist, wo ein Partner oder Angehöriger Assistenzleistungen übernimmt.

Solche Konflikte, wie sie von den interviewten körperbehinderten Menschen beschrieben wurden, haben dann Einfluss auf die Lebensqualität, wenn sie nicht offen angesprochen werden. Die Konsequenz, welche viele körperbehinderte Menschen daraus ziehen, ist eine Kündigung der AssistentInnen, wodurch sie wieder den Belastungen durch neue Suche nach AssistentInnen ausgesetzt sind.

7.3. Interpretation der Kategorien im Sinne der Fragestellungen

Welche Erfahrungen machen körperbehinderte Menschen in Bezug auf Lebensqualität und Gesundheit mit Persönlicher Assistenz?

Selbstbestimmung/Wohnen

Die Erfahrungen, welche körperbehinderte Menschen vor dem Leben mit Persönlicher Assistenz gemacht haben, sind ausschlaggebend für die Beurteilung der aktuellen Lebensqualität. Die Lebensqualität von körperbehinderten Menschen hat sich im Gegensatz zur vorherigen Lebensform – stationäre Einrichtung, zu Hause bei den Eltern - nach Aussagen der interviewten Personen verbessert. Zurückführen lässt sich dies darauf, dass ein Leben in einer stationären Einrichtung wie beispielsweise einer Wohngemeinschaft als fremdbestimmt empfunden wurde oder man bei einem Leben zu Hause zu sehr von den

Angehörigen abhängig sei. Faktoren, welche das Leben vor Persönlicher Assistenz nach Aussagen der interviewten Personen fremdbestimmt hätten, werden durch Goffmann (1973, zitiert in Franz, 2001, S. 39) bestätigt. Insbesondere sind dies:

- Isolierte Standorte weitab mit eingeschränktem Kontakt zur Außenwelt
- Hierarchische Machtstrukturen (Medizinische, Pädagogische und Pflegerische Hierarchiesäulen), die Bewohnern Macht unterwerfen, von Entscheidungsebenen fernhalten und sie damit fremd bestimmen
- Zeitpläne organisieren das tägliche Leben (Anziehen, Waschen, Arbeit, Freizeit)" (Franz, 2001, S. 39).

Persönliche Assistenz hätte nun dahingehend die Lebensqualität verbessert, dass ein Leben in der eigenen Wohnung möglich sei und zwar in einer Umgebung, die man selbst wählen könne. Bei einem Leben mit Persönlicher Assistenz, hätte man die Möglichkeit, sein Personal selbst auszuwählen und einzuschulen, man müsse sich nicht an festgesetzte Zeitpläne halten und könne sich seinen Tagesablauf selbst gestalten.

Den an dieser Untersuchung teilgenommenen körperbehinderten Menschen ist bewusst, dass sie aufgrund ihrer Behinderung in einem Abhängigkeitsverhältnis gegenüber ihrer AssistentInnen leben, empfinden dies jedoch nur als bedingt fremdbestimmt. Wenn AssistentInnen ihre Bedürfnisse zu sehr in die Lebensgestaltung des körperbehinderten Menschen einbringen oder Arbeitsaufträge nicht so ausgeführt werden wie gewünscht, sei die Selbstbestimmung gefährdet. Persönliche Assistenz habe jedoch den Vorteil, dass man sich von AssistentInnen, bei denen die Chemie nicht stimmt, trennen könne.

Die Abhängigkeit von der Behörde, welche das Ausmaß an Assistenzleistung bestimmt, wird als Bittstellung empfunden. Außerdem würden in den zuständigen Behörden, Menschen über eine körperbehinderte Person bezüglich des Unterstützungsbedarfs entscheiden, welche keine Ahnung von Selbstbestimmung hätten und somit nicht fähig wären, das Ausmaß an Hilfe zu bestimmen. Die interviewten körperbehinderten Menschen fühlen sich von Behörden nicht ernst genommen und bekritteln, dass kaum Menschen mit Behinderung in den Ämtern arbeiten würden.

Die Faktoren welche die Lebensqualität von behinderten Menschen im Bereich Wohnen mit persönlicher Assistenz positiv beeinflussen, sind nach Seifert (2006) insbesondere Bedürfnisakzeptanz, Lebensgestaltung und Lebenskontrolle. Die Aussagen der interviewten

Personen zeigen, dass durch Persönliche Assistenz verstärkt auf deren individuellen Bedürfnisse eingegangen würde, indem beispielsweise Essens-, Dusch-, Aufsteh- oder Zubettgehzeiten individuell gehandhabt werden könnten. Die gesamte Lebensgestaltung sei flexibler und spontaner durch Persönliche Assistenz, indem man selbst bestimmen könne, wie lange ein/eine AssistentIn Zeit mit seinem Arbeitgeber verbringt.

Die interviewten Personen empfinden ihr Leben mit Persönlicher Assistenz wie Seifert (2006) auch festhält, als selbstbestimmt indem sie Akteur im Kontext ihrer Lebensplanung und Alltagsgestaltung sind und nicht mehr Empfänger von Hilfen, sondern Nutzer von Dienstleistungen (vgl. Seifert, 2006).

Selbstbestimmung/Freizeit

Der subjektive Faktor - soziale Eingebundenheit - ist entscheidend im Bereich Freizeit. Die interviewten Personen gaben an, dass es ihnen wichtig wäre, dass mit ihren AssistentInnen eine freundschaftliche Beziehung entstehe, nur so könne man und wolle man die Freizeit miteinander verbringen, was bei Persönlicher Assistenz aufgrund des Unterstützungsbedarfs auch in der Freizeit unabdingbar ist.

Durch Persönliche Assistenz sei es möglich spontan zu entscheiden, wie man seine Freizeit verbringen möchte. Die interviewten Personen möchten eine stabile Assistenzbeziehung und deshalb sei es ihnen wichtig, dass sich die AssistentInnen wohl fühlen in der Gegenwart ihres Arbeitgebers.

Persönliche Assistenz, so die Aussagen der interviewten Personen, würde eine Teilhabe am gesellschaftlichen Leben ermöglichen, da man durch die Mobilität, welche durch Assistenz gegeben sei, verstärkt in die Öffentlichkeit treten würde. Durch Persönliche Assistenz könnten die körperbehinderten Menschen selbst bestimmen, wann sie ins Kino gehen möchten oder in ein Kaffeehaus und müssten sich nicht wie in stationären Einrichtungen der restlichen Gemeinschaft oder dem Zeitplan des Personals unterordnen.

Weitere positive Erfahrungen betreffend die Lebensqualität mit Persönliche Assistenz wären nach Ansicht der interviewten körperbehinderten Menschen:

- Kompetenzwahrnehmung, indem selbstbestimmt werden könne, welche Person wie, wo und wann Unterstützung leistet, und
- Entlastung der Angehörigen, wenn die körperbehinderten Menschen in einer Partnerschaft oder bei den Eltern zuhause wohnen.

Erfahrungen bezüglich Gesundheit mit Persönlicher Assistenz

Menschen mit Behinderung hätten typischerweise einen schlechteren Gesundheitszustand, würden in der Regel früher sterben und Barrieren, wenn es um Gesundheitsvorsorge geht begegnen. Im Vergleich zur Mehrheitsbevölkerung leiden Menschen mit Behinderung häufiger an Diabetes und psychischen Erkrankungen wie Depression und Angstzuständen (vgl. Horner-Johnson et.al, 2011, S. 254) Diese Untersuchung kann dies in Hinblick auf Schmerzen von körperbehinderten Menschen bestätigen. Schmerzen, die täglich vorhanden sein, hätten einen wesentlichen Einfluss auf die Qualität der sozialen Beziehungen, an der auch Persönliche Assistenz nichts ändern könne. Die physischen Beeinträchtigungen führen dazu, dass sich körperbehinderte Menschen in ihre Wohnung zurückziehen und eine Teilhabe in der Gesellschaft nur eingeschränkt möglich ist. Persönliche Assistenz würde hieran nichts ändern.

Abhilfe bei gesundheitlichen Einschränkungen würde ausschließlich professionelles Fachpersonal wie Physio- Logotherapie und Fachärzte schaffen. Einer Ausbildung für persönliche Assistenten stehen die interviewten Personen jedoch skeptisch gegenüber. Dies sei nicht notwendig, da man durch die Einschulung alles Notwendige lernen würde. Es wäre sogar ein Vorteil, wenn keine Ausbildung der Assistenten stattfinden würde, da die körperbehinderten Menschen so nach ihren Vorstellungen gepflegt und betreut werden könnten.

Welche Hindernisse und Herausforderungen ergeben sich bei einem Leben mit persönlicher Assistenz und wie gehen körperbehinderte Menschen mit Konfliktsituationen in der Assistenzbeziehung um?

Nachteil/Personalsuche/Persönliche Assistenz als Beruf

Das Konzept der Persönlichen Assistenz nach dem ArbeitgeberInnenmodell ermöglicht im Idealfall behinderten Menschen, ihr Leben nach eigenen, individuellen Vorstellungen zu gestalten. Die AssistenznehmerInnen müssen, damit dies möglich ist, weitreichende Kompetenzen wahrnehmen, die sämtliche Bereiche Persönlicher Assistenz, vom Aufbau bis zur Umsetzung eines selbstorganisierten Lebens, abdecken (vgl. Bartz 1998, S. 7, zitiert in Franz 2001, S. 189).

Herausfordernd war für die interviewten Personen in dieser Untersuchung vor allem die Personalsuche bzw. Personalkompetenz. Es sei einer der anstrengendsten Dinge überhaupt, persönliche AssistentInnen zu finden. Gründe dafür sein, dass Persönliche Assistenz ein Beruf wäre, der zu wenig attraktiv sei. Persönliche Assistenz wird vorwiegend als Nebenjob während eines Studiums oder als zusätzliche Einnahmequelle in der Pension gemacht. Es komme daher sehr oft zu Personalwechsel, welchen die interviewten körperbehinderten Menschen als nervig, stressig und anstrengend empfinden.
Durch das Anstellen von Studenten, welche Assistenz leisten, ergeben sich weitere Nachteile. Körperbehinderte Menschen müssen Rücksicht nehmen auf die Stundenpläne, Lernphasen und Zeiten an denen Studenten nicht zur Verfügung stehen. Damit wird die Flexibilität und Spontanität der körperbehinderten Menschen eingeschränkt.

Wie in sehr vielen sozialen Berufen wird auch die Persönliche Assistenz vorwiegend von weiblichen Personen geleistet. Männliche körperbehinderte Menschen würden jedoch aufgrund der pflegerischen Tätigkeiten vorzugsweise männliche Assistenten suchen, was als besondere Herausforderung angesehen wird.
Ein Leben mit Persönlicher Assistenz bedeutet für die Arbeitgeber Verantwortung für die Anstellung, Einschulung und Anleitung ihrer persönlichen AssistentInnen zu übernehmen und für das Management verschiedener Aufgabenbereiche, die bei der Verwaltung und Führung persönlicher AssistentInnen anfallen, zuständig zu sein. Die selbstbestimmte Lebensführung fordert somit von den Arbeitgebern sowohl persönliche als auch zeitliche und organisatorische Einsatzbereitschaft (vgl. ISL 1993, S. 6 ff, zitiert in Franz 2001, S. 190).

Nachteil/Finanzielles

Die finanzielle Abhängigkeit von der Behörde, welche das Ausmaß an Assistenzstunden jährlich festlegt wird als weiterer Nachteil gesehen. Wenn das Stundenausmaß zu gering festgelegt wird, können nur die Grundbedürfnisse von körperbehinderten Menschen abgedeckt werden. Es müssen demnach Einschränkungen in Kauf genommen werden, welche die Teilhabe in der Gesellschaft kaum möglich machen. Eine Freizeitgestaltung, wie es die Persönliche Assistenz ansonsten möglich macht, ist bei einem geringen Stundenausmaß an Assistenz nicht gegeben. Körperbehinderte Menschen wären gezwungen, ihre Zeit vorwiegend alleine in der Wohnung zu verbringen.

Herr A. *"Es gibt zwar Nachteile auch, so wie wenn das Budget niedrig ist, sowie es bei mir am Anfang war. Dann hat man schon Probleme, wenn es draußen kalt ist oder wenn es draußen regnet. Dass man die Wohnung quasi fast nicht verlassen kann"* (Herr A., 16).

Konfliktfelder/Arbeit/Kommunikation/Nähe und Distanz

Bei der Interaktion zwischen AssistentInnen und AssistenznehmerInnen kommt es unweigerlich zu Spannungen. Handlungsaufforderungen können nicht als selbsterklärend betrachtet werden und müssen von AssistenznehmerInnen und AssistentIn so reflektiert werden, dass beide zu einer gemeinsam akzeptierten Form der Ausführung gelangen (vgl. Altenschmidt & Kotsch, 2007, S 234). Konfliktfelder in der Assistenzbeziehung treten vorwiegend dann auf, wenn die Arbeit nicht nach den Vorstellungen der körperbehinderten Menschen ausgeführt wird. Dieser Konflikt wird sehr unterschiedlich von den körperbehinderten Menschen gelöst. Eine offene Kommunikation von beiden Seiten sei eine Möglichkeit, um Konflikte welche die Arbeit betreffen, zu lösen oder erst gar nicht entstehen zu lassen. Eine weitere Möglichkeit besteht darin, sich bei der Arbeit welche die persönlichen Assistenten durchführen beispielsweise im Haushalt, nicht einzumischen. Die Maßnahme der Kündigung wird erst dann ergriffen wenn Persönliche Assistenz sich in die Lebensgestaltung der körperbehinderten Menschen einmischt, da dies als Fremdbestimmung wahrgenommen wird. Herr A. beschreibt Fremdbestimmung durch Assistenz folgendermaßen:

„*Man liegt im Bett und schaut fernsehen und...Also zuerst hat sie Fernsehen geschaut, dann bin ich ins Bett habe ich halt umgeschaltet, weil ich was schauen wollte. Und als Sie mir dann die Fernbedienung wegnehmen wollt und umschalten wollte „I schau jetzt", da war für mich der Punkt erreicht: „Dann gehst halt"! Na, da kenn ich nix. Nur weil einer glaubt, er muss sich Vorteile herausholen und bekommt dafür noch bezahlt, das geht nicht. Das ist für mich und nicht für sich, um Eigenbedürfnisse abzudecken"*(Herr A, 293).

In der Assistenzbeziehung entstehen sehr oft Freundschaften zwischen Arbeitgeber und persönlichen Assistenten. Daraus kann ein weiteres Konfliktfeld entstehen. Körperbehinderten Menschen ist bewusst, dass sie für diese Freundschaft bezahlen, geben jedoch an, dass ein gemeinsames Essen oder ein Kaffeehausbesuch nicht als Assistenzleistung wahrgenommen wird. Die Zeit, welche persönliche AssistentInnen somit mit körperbehinderten Menschen verbringen, wird nicht von allen an dieser Untersuchung teilgenommen körperbehinderten Menschen bezahlt. Dieser Konflikt könne dadurch gelöst werden, dass die Rollen klar geregelt werden. Wird dem/der persönlichen AssistentIn als Freund begegnet, wird die Zeit, welche zusammen verbracht wird nicht bezahlt, weil man sich ja außerhalb der Assistenzbeziehung treffen würde.

Herr S. beschreibt seine Erfahrungen mit Freundschaft zwischen Arbeitgeber und AssistentInnen so:

„Also es gibt schon auch private Momente, die ich mit den Assistenten mache, aber dann plane ich die eher extra ein. Dann sag ich, geh ma mal Bier trinken und reden, wie es eben so geht. Aber in der Assistenz hat das eher wenig Platz, logischerweise. Deswegen braucht es einen extra Platz, weil zu guter Assistenzbeziehung gehört es dazu, dass man ein bisserl einen Austausch hat. Es ist auch nicht so, dass ich meine Freizeit hauptsächlich mit den Assistenten verbringe, also jetzt im Sinn von Assistent = Freund" (Herr S. 133-150)

Von anderen interviewten Personen wird diese Rollentrennung nicht durchgeführt, sie bezahlen ihre persönlichen AssistentInnen für die gesamte Zeit, welche miteinander verbracht wird und sind sich bewusst darüber, dass sie für Freundschaft bezahlen, was jedoch nicht als belastend wahrgenommen wird, da die persönlichen AssistentInnen diese Zeit gerne mit körperbehinderten Menschen verbringen würden.

Persönlicher Assistent und Arbeitgeber verbringen teilweise sehr viel Zeit miteinander. „Diese zeitliche Intensität birgt einerseits die Chance, eine Beziehung der genseitigen Vertrautheit aufzubauen; andererseits zeigt sich aber auch hier wieder ein mögliches Konfliktfeld" (Franz 2001, S. 286).

Die ständige Anwesenheit einer zweiten Person kann zu Konflikten führen, indem körperbehinderte Menschen zu wenig Freiraum oder nur Zeit für sich haben. „Als besonders schwierig kann es auch empfunden werden, wenn persönliche AssistentInnen erwarten, während der Arbeitszeit ständig beschäftigt zu werden" (Franz, 2001, S. 287). Frau M. beschreibt diesen Konflikt, der sich durch die ständige Anwesenheit einer zweiten Person ergibt, folgendermaßen:

„Du weißt, dass du jemanden hast auf den du dich verlassen kannst. Der kommt, der macht seine Arbeit. Ohne dass du jedes Mal sagen musst was gemacht werden muss. Wenn ich bei jemanden arbeite zwei Monate und den Ablauf kenne dann braucht der nicht mehr ständig nachfragen. Aber das geht nicht, du musst jeden Tag immer wieder von neuem sonst, heißt es: „Was wir nicht machen wollen, machen wir nicht" (Frau M, 228-234).

Dieser Konflikt wird gelöst, indem man eine räumliche Trennung durchführt oder/und an den Wochenenden weniger Assistenzzeit in Anspruch nimmt. „Die Spannung, die sich dadurch aufbaut, mit einer Person über längere Zeit permanent zusammen sein zu müssen, wird durch eine Ausweichmöglichkeit in andere Räume gelöst. Die persönliche Assistentin ist zwar erreichbar, aber nicht im Blickfeld ihres Arbeitgebers. Dieses Arrangement kann einerseits in aktuellen Konfliktsituationen hilfreich sein; andererseits kann es darauf Einfluss haben, Reiberein, die durch ständiges Zusammensein entstehen können, im Keim zu ersticken" (Franz, 2001, S. 299) Die Wochenenden können sich vor allem körperbehinderte Menschen, welche in einer Partnerschaft leben, freihalten, da Angehörige Assistenzleistungen übernehmen.

Frau S. *„Nun ja mein Freund ist schon auch für mich da – besonders an den Wochenenden, wo ich so gut wie keine Assistenz da habe. Er ist mir schon auch eine große Hilfe. Also ich muss sagen, so komme ich ganz gut über die Runden"* (Frau S., 60)

Welche Bedürfnisse und Wünsche haben körperbehinderte Menschen bezüglich einer Verbesserung des Lebens mit persönlicher Assistenz?

Persönliche Assistenz sei durch das Maß an Selbstbestimmung derzeit der einzige richtige Weg in der Behindertenpolitik. Alle interviewten Personen hatten jedoch einige Wünsche, wie dieses Modell weiter verbessert werden könnte, um eine noch höhere Lebensqualität zu erreichen. In den Wünschen und Bedürfnissen der interviewten körperbehinderten Menschen zeigen sich auch weitere derzeit bestehende Nachteile der Persönlichen Assistenz.

Informationen

Eine Voraussetzung um mit Persönlicher Assistenz leben zu können, ist Information über das Modell. Die Interviewten gaben an, dass es derzeit schwierig wäre kompetente Beratung in Anspruch zu nehmen. Die interviewten körperbehinderten Menschen haben durch Hilfe von anderen körperbehinderten Menschen, welche bereits mit dem Modell der Persönlichen

Assistenz leben, Informationen erhalten. Es wäre deshalb ein Wunsch von körperbehinderten Menschen, wenn es eine Ansprechperson im Sinne einer Peerberatung geben würde, welche über das Leben mit Persönlicher Assistenz informiert.

Angehörige anstellen können

Das Modell der Persönlichen Assistenz sollte nach Aussagen der an dieser Untersuchung teilgenommen Personen für alle Menschen mit Behinderung zugänglich sein. Bei Menschen, die aufgrund ihrer Einschränkung nicht alle erforderlichen Kompetenzen wahrnehmen können, solle es eine Vertrauensperson oder einen Angehörigen geben, der Assistenz für die Persönliche Assistenz leistet. Diese Vertrauensperson müsse dann auch über das Persönliche Budget finanziert werden können.

Körperbehinderte Menschen, welche in einer Partnerschaft oder auch zuhause bei den Eltern leben und persönliche Assistenz in Anspruch nehmen, möchten ihre Angehörigen für Assistenzleistungen, die sie durchführen, bezahlen und anstellen können. Die vielen Handgriffe, welche Lebenspartner für die körperbehinderte Person übernehmen, sollen nach Ansicht der für diese Untersuchung interviewten Personen, entsprechend entlohnt werden.

Bürokratie

Weitere Wünsche zur Verbesserung der Persönlichen Assistenz betreffen den bürokratischen Aufwand, den körperbehinderte Menschen bewältigen müssen. Die jährliche Antragstellung wird als besonders belastend empfunden und solle nach Meinung der interviewten Personen durch Bescheide welche drei-fünf Jahre gelten wegfallen. Sollten sich Änderungen im Leben der körperbehinderten Personen ergeben, müsse dies der Behörde bekanntgegeben werden und dann müsse man eben einen neuen Antrag auf Persönliches Budget einbringen.

Der notwendige Verwendungsnachweis solle laut den interviewten Personen auch kontrolliert werden. Derzeit würde sehr viel Missbrauch passieren, deshalb solle es eine eigene Abteilung in der zuständigen Behörde geben, welche die Verwendungsnachweise zumindest jährlich kontrolliert.

7.4. Zusammenfassung der Ergebnisse

- Alle interviewten körperbehinderten Menschen gaben an, dass sich ihre Lebensqualität seit sie mit dem Modell der Persönlichen Assistenz leben, verbessert hätte. Selbstbestimmung wird mit Lebensqualität gleichgesetzt und durch Persönliche Assistenz sei diese gegeben. Die Abhängigkeit aufgrund der Behinderung ist den interviewten Personen durchaus bewusst, wird jedoch nicht als fremdbestimmt wahrgenommen. Auch die Abhängigkeit von der Behörde welche das Ausmaß an Unterstützung bestimmt, wird wahrgenommen, jedoch auch nicht direkt mit Fremdbestimmung in Verbindung gebracht. Auf die Gesundheit hat Persönliche Assistenz kaum Einfluss, in gesundheitlichen Belangen wird auf ausgebildetes Fachpersonal zurückgegriffen.

- Herausfordernd ist für die interviewten Personen vorwiegend die Personalsuche. Persönliche Assistenz müsse ein attraktiver Beruf sein. Ein weiterer Nachteil betrifft die finanzielle Abhängigkeit von der Behörde. Wenn das Budget zu gering sei, könne man nicht voll an der Gesellschaft teilhaben. Konflikte entstehen aufgrund von nicht klar definierten Rollen wenn die/der persönliche AssistentIn als Freund betrachtet wird, wenn die Arbeit beispielsweise im Haushalt oder in der Pflege nicht nach den Vorstellungen des körperbehinderten Menschen durchgeführt wird und zu wenig Freiraum oder Zeit für sich alleine vorhanden ist. Lösen könne man solche Konflikte nur durch eine entsprechende Kommunikations- und Rückmeldekultur, eine räumliche Trennung und als letzte Maßnahme Kündigung des/der persönlichen AssistentIn.

- Wünsche äußerten die interviewten körperbehinderten Menschen bezüglich der Entlohnung von Angehörigen, welche Assistenzleistungen erbringen, das Modell Persönliche Assistenz solle für alle behinderten Menschen zugänglich sein, es müsse mehr Informationen zum Leben mit Persönlicher Assistenz geben und die Behörde solle die Bescheide auf mindestens drei Jahre ausstellen sowie die Verwendung des Persönlichen Budgets kontrollieren.

8. Schlussfolgerungen und Diskussion

Fröhlich et. al. (2010) kommt zum Schluss, dass sich Menschen, die an einer körperlichen Behinderung leiden, hinsichtlich der Wahrnehmung ihrer Lebensqualität von Gesunden unterscheiden. Bei der Energie zum täglichen Leben und der Leistung bei Alltagsverrichtungen sowie bei der Qualität ihrer sozialen Beziehungen fühlen sie sich eingeschränkt (vgl. Fröhlich et. al, 2010, S. 35). Auch diese Masterarbeit kommt zum Schluss, dass sich die Lebensqualität von körperbehinderten Menschen von jener der „gesunden" Gesellschaft unterscheidet. Für die interviewten Personen ist Lebensqualität Selbstbestimmung, wobei diese durch verschieden Abhängigkeitsverhältnisse (persönliche AssistentInnen und Behörde) eingeschränkt ist.

Körperbehinderte Menschen wollen so leben wie es die restliche Gesellschaft tut, was jedoch aufgrund der Einschränkung nur mit Hilfe von Unterstützung möglich ist. Außerdem zeigte sich, dass durch gesundheitliche Einschränkungen insbesondere durch Schmerzen die Lebensqualität hinsichtlich der sozialen Beziehungen leidet, weil es nicht möglich ist mit anderen Menschen in Kontakt zu treten.

Trotz der zum Teil negativen Erfahrungen mit Persönlicher Assistenz und der immer wieder auftretenden Konflikte die entstehen, gaben alle Interviewten an, dass sich ihre Lebensqualität verbessert hätte im Gegensatz zur vorherigen Wohnform. Persönliche Assistenz kann somit zu einer Steigerung der Lebensqualität bei körperbehinderten Menschen beitragen, wenn die finanziellen Mittel ausreichend sind und wenn körperbehinderte Menschen über die notwendigen Kompetenzen verfügen, mit Persönlicher Assistenz zu leben.

Die Interviews ergaben, dass Menschen mit Behinderung hinsichtlich der Wahrnehmung von Kompetenzen, Umgang mit Konflikten und allgemeinen Fragen zur Persönlichen Assistenz Bedarf an Informationen haben und sich vorstellen könnten, dass eine Schulung für Arbeitgeber notwendig sei. Einer Schulung oder gar Ausbildung für die persönlichen AssistentInnen standen die interviewten Personen eher skeptisch gegenüber. Dies sei nicht notwendig, da alles Wissenswerte vor Ort bei der Einschulung gelernt würde. Daraus lässt sich schließen, dass körperbehinderte Menschen ausgebildetes Personal, welches eigene Vorstellungen von „Pflege und Betreuung" hat, als fremdbestimmend erleben.

Die Aussagen der interviewten körperbehinderten Personen lassen des Weiteren darauf schließen, dass der Umgang mit den Behörden, welche das Ausmaß an Assistenzleistungen bestimmen, als schwierig erlebt wird. Die Wünsche nach Veränderung des Modells Persönliche Assistenz zeigen, dass es an Informationen und vor allem Beratung fehlt. Hieraus lässt sich schließen, dass eine Peerberatung sinnvoll wäre.

Eine weitere Verbesserung wäre nach Ansicht der interviewten Personen, die Bescheide auf mindestens drei Jahre auszustellen, somit würde es auch zu einer bürokratischen Entlastung der Behörden kommen und die Antragsteller könnten längerfristig mit der Geldleistung planen.

Die an dieser Untersuchung teilgenommenen körperbehinderten Menschen meinten, die Verwendungsnachweise, welche halbjährlich an die Behörde geschickt werden müssen, sollten verstärkt kontrolliert werden, damit ein Missbrauch der Geldleistung vorgebeugt werden könne. Daraus lässt sich ableiten, dass derzeit in der Steiermark die Verwendung des Geldbetrages nicht ausreichend kontrolliert wird und Menschen mit Behinderung teilweise Persönliches Budget nicht ausschließlich zur Anstellung von persönlichen AssistentInnen nutzen.

Die UN-Behindertenrechtskonvention besagt, dass alle Menschen mit Behinderung das Recht haben unter anderem mit Persönlicher Assistenz zu leben, in der Steiermark ist jedoch derzeit vorgesehen, dass nur körperbehinderte und/oder sinnesbeeinträchtigte Menschen, welche über die notwendigen Kompetenzen verfügen, mit Persönlicher Assistenz leben können. Somit wird in der Steiermark die UN-Behindertenrechtskonvention nicht im vollen Ausmaß umgesetzt, wobei möglicherweise der Aktionsplan des Landes Steiermark in den nächsten Jahren dazu führen wird, dass wirklich allen Menschen ein Mehr an Selbstbestimmung durch Persönliche Assistenz zukommt.

9. Resümee

Ziel dieser Masterarbeit war es, neben den positiven Veränderungen bei einem Leben mit Persönlicher Assistenz auch die Herausforderungen und Schwierigkeiten, die sich ergeben, aufzuzeigen. Auch wenn alle interviewten körperbehinderten Menschen angaben, ihre Lebensqualität hätte sich aufgrund des Modells Persönliche Assistenz verbessert, zeigten sich doch einige Aspekte die letztendlich auf die Lebensqualität körperbehinderter Menschen negativen Einfluss haben können.

Persönliche Assistenz trägt, so mein Fazit, in Lebensbereichen wie Wohnen oder Freizeitgestaltung durch mehr Selbstbestimmung in der Tagesablaufgestaltung, durch verstärkte Bedürfnisakzeptanz sowie durch vermehrte Flexibilität und Spontanität zur Lebensqualitätsverbesserung bei.

Es darf jedoch nicht die Kehrseite der Medaille übersehen werden. Fremdbestimmung durch Abhängigkeitsverhältnisse gegenüber der Behörde und auch gegenüber persönlichen AssistentInnen, wodurch es auch ständig zu Konflikten in der Assistenzbeziehung kommen kann, sind Themen, die bisher in Forschungsarbeiten zu kurz kamen und denen künftig sicher verstärkte Aufmerksamkeit gewidmet werden muss.

In den Wünschen nach Veränderung des Modells Persönliche Assistenz wurden Themen aufgeworfen, die für die steirische Behindertenpolitik von Interesse sein dürften. Bessere und mehr Information zum Leben mit Persönlicher Assistenz durch die Schaffung einer Peerberatungsstelle direkt in der verantwortlichen Behörde wäre meines Erachtens einfach umzusetzen.

Die weiteren Forderungen

- nach Persönlicher Assistenz für alle behinderten Menschen ohne Einschränkung,
- einer Möglichkeit der Anstellung von Angehörigen,
- Bescheide auf längere Zeit sowie
- die Kontrolle des Verwendungsnachweises

weisen darauf hin, dass die steirische Behindertenpolitik, wenn es um Unterstützungsmöglichkeiten von behinderten Menschen geht, weiterentwickelt werden muss.

Menschen mit körperlicher Behinderung wollen eine aktive Rolle in der Gesellschaft spielen und mit ihren Wünschen ernstgenommen werden. Ich denke, gerade Persönliche Assistenz trägt dazu bei, dass behinderte Menschen verstärkt in der Öffentlichkeit wahrgenommen werden und zum Erscheinungsbild einer „gesunden" Gesellschaft gehören.

Welche Unterstützungsform körperbehinderten Menschen zugesprochen wird, ist abhängig vom individuellen Hilfebedarf. Ich denke nicht, dass Persönliche Assistenz für alle behinderten Menschen die geeignete Lebensform ist, da meiner Ansicht nach einige auch körperbehinderte Menschen damit überfordert sein könnten. Die Aufgabe von Sozialer Arbeit besteht meines Erachtens darin, den Hilfebedarf von behinderten Menschen realistisch einzuschätzen und die bestmögliche Lösung an Unterstützung anzubieten, damit sich ein Leben nach den Vorstellungen des behinderten Menschen weitgehend realisieren lässt.

10. Literaturverzeichnis

Altenschmidt, K, Kotsch, L, 2007: Sind meine ersten Eier, die ich koche, ja, Zur interaktiven Konstruktion von Selbstbestimmung in der persönlichen Assistenz körperbehinderter Menschen, erschienen in: Wald Schmidt, A, Schneider, W (Hrsg.), Disability Studies, Kultursoziologie und Soziologie der Behinderung, Erkundungen in einem neuen Forschungsfeld, tanscipt Verlag, Bielefeld, 2007, S. 225 – 247

Article 19 - Living independently and being included in the community, 2008 URL: http://www.un.org/disabilities/default.asp?id=279, aufgerufen am 22.01.2013

Bericht zur Umsetzung der UN-KONVENTION ÜBER DIE RECHTE VON MENSCHEN MIT BEHINDERUNGEN IN ÖSTERREICH anlässlich des 1. Staatenberichtsverfahrens vor dem UN-Ausschuss über die Rechte von Menschen mit Behinderungen, Österreichische Arbeitsgemeinschaft für Rehabilitation (ÖAR) (Hrsg.), Wien, 2010

BEHINDERTENBERICHT BERICHT DER BUNDESREGIERUNG ÜBER DIE LAGE VON MENSCHEN MIT BEHINDERUNGEN IN ÖSTERREICH, 2008, Bundesministerium für Arbeit, Soziales und Konsumentenschutz (Hrsg.), Wien, 2008

Bizeps, 2011: Bundes-Behindertengleichstellungsgesetz, 2011, URL: http://www.bizeps.or.at/gleichstellung/rechte/bgstg.php, aufgerufen am 01.04.2011,

Chapple, S, 2008: „I`ve still got a lot of living left to do", The Experience of Being Young and Living in Geriatric Residenial Care, School of Social Work, The University of British Columbia Vancouver, 2008

Diener, E, Suh, E, 1997: Measuring quality of life: Economic, Social, and subjective Indicators, Social Indicators Research 40, Netherlands, 1997, S. 189 – 216

Flick, U, 2011, Qualitative Sozialforschung, Eine Einführung, Rowohlt Taschenbuch Verlag, 4. Auflage, Hamburg, 2011

Flieger, P, 2009: ANED country report on the implementation of policies supporting independent living for disabled people – Austria, Wien, 2009

Flieger, P, 2011: Zum Stand der Umsetzung von Artikel 19 der UN-Konvention in Österreich, erschienen in: Petra Flieger, Volker Schönwiese (Hrsg.), Menschenrechte – Integration – Inklusion, Aktuelle Perspektiven aus der Forschung, Bad Heilbrunn, 2011, S. 59 – 65

Flieger, P, Riess, E, 2012, Wege zur Beseitigung von Diskriminierungen behinderter Menschen, Wien, 2012

Franz, A, 2001: Selbstbestimmt Leben mit persönlicher Assistenz, Ein Schulungskonzept für AssistenznehmerInnen, Band A, 2001, Mobile – Selbstbestimmtes Leben Behinderter e.V. (Hrsg.), Dortmund, 2001

Franz, A, 2002: Selbstbestimmt Leben mit Persönlicher Assistenz, Eine alternative Lebensform behinderter Frauen, Mobile – Selbstbestimmtes Leben Behinderter e. V., Dortmund 2002

Fröhlich, M, Pieter, A, Klein, M, Emrich, E, 2010: Gesundheitsbezogene Lebensqualität in Abhängigkeit von sozialen Faktoren bei Personen mit neuromuskulären Erkrankungen, Sport- und Präventivmedizin, Springer Verlag, 2010, S. 35-40

Hahn, M, 2008: Seelische Gesundheit im Spannungsfeld von sozialer Angewiesenheit und Autonomie, Seelische Gesundheit und Selbstbestimmung Dokumentation der Arbeitstagung aus Anlass des 10-jährigen Bestehens der DGSGB am 4.11.2005 in Kassel, Klaus Hennicke & Michael Seidel (Hrsg), Berlin, 2008

Hennessey, R, Mangold, R, 2012: Das Konzept Lebensqualität, Der Arbeit mit Menschen mit Behinderung Leben geben, Stiftung Schweizer Zentrum für Heil- und Sonderpädagogik (SZH) (Hrsg.), Jg. 18, 3, 2012, S. 27-33

Hermes, G, 2004: Der Wissenschaftsansatz Disability Studies - neue Erkenntnisgewinne über Behinderung?

Horner- Johnson W, Drum C, Nasreen A, 2011: A randomized trial of a health promotion intervention for adults with disabilities, Disability and Health Journal Nr. 4, 2011, S. 254-261

ICF Kurzversion zu Ausbildungszwecken, 2010: URL: http://www.pantucek.com/diagnose/ICF/icf_kurz_ausbildung.pdf, aufgerufen am 25.06.2012

Kaas, S, Fichert, F, 2003: Mehr Selbstbestimmung für behinderte Menschen durch Persönliche Budgets Theoretische Konzeption und erste praktische Erfahrungen in Deutschland, Sozialer Fortschritt 11-12, 2003

Kastl, J, M, Meyer, T, 2007: Deinstitutionalisierung durch Persönliche Budgets? Am Beispiel der Situation von Menschen mit psychischen Behinderungen, Auszug aus „Leben und Arbeiten unter erschwerten Bedingungen", Universitätsverlag WINTER GmbH, Heidelberg, 2007, S 187ff.

Mayring, P, 2000: Qualitative Inhaltsanalyse, Forum Qualitative Sozialforschung, Volume 1, Nr. 2, Art. 20, aufgerufen am 15.04.2011, http://www.qualitative-research.net/fqs/

Mayring, P, 2010: Qualitative Inhaltsanalyse, Grundlagen und Techniken, 11. Auflage, Bletz Verlag, Weinheim und Basel, 2010

Mayring, P, 2002: Einführung in die qualitative Sozialforschung, Eine Anleitung zu qualitativem Denken, 5. Auflage, Beltz Verlag, Weinheim und Basel, 2002

Noll, H, 2000: Konzepte der Wohlfahrtsentwicklung, Lebensqualität und neue Wohlfahrtskonzepte, Papers der Querschnittsgruppe Arbeit & Ökologie, Wissenschaftszentrum Berlin für Sozialforschung, 2000, No. P00-505

Oberholzer, D, 2013: Zielperspektive Lebensqualität, Menschen mit Behinderung unterstützen und begleiten, Europäischer Hochschulverlag GmbH & Co KG, Bremen, 2013

Österwitz, I, 1994: Das Konzept „Selbstbestimmt Leben" – ein neuen Paradigma in der Rehabilitation? URL: www.assista.org/files/Oesterwitz94.pdf, aufgerufen am 23.02.2013

Paseka, A, 2008: Vorlesung: Einführung in die Grundlagen wissenschaftlichen Arbeitens und Forschen, 2008, aufgerufen am 02.12.2011, http://www.phwien.ac.at/fileadmin/phvie/users/oeh/pdf/WissenschaftlichesArbeiten/PH-2_Forschungsmethodik.pdf

Pöllmann, W, Busch, C, Voitz, R, 2004: Lebensqualität bei Multipler Sklerose, Messinstrumente, Bedeutung, Probleme und Perspektiven, Springer Medizin Verlag, Der Nervenarzt 2, 2005, S. 154-169

Ramsenthaler, C, 2013: Was ist „qualitative Inhaltsanalyse", Der Patient am Lebensende, eine Qualitative Inhaltsanalyse, Schnell, M, et. al (Hrsg), Springer Verlag, 2013, S. 148 ff. URL: http://www.springer.com/978-3-531-19659-6, aufgerufen am 09.07.2013

Schnell, R, Hill, P, B, Esser, E, 2008: Methoden der empirischen Sozialforschung, 8., unveränderte Auflage, Oldenbourg Wissenschaftsverlag GmbH, München, 2008

Schramme, T, 2003: Behinderung – Absolute oder relative Einschränkung des Wohlergehens?, Ethik Med. 2003, Springer Verlag 2003, S. 180-190

Schwarte, N, 2001: Selbstbestimmung allein genügt nicht, Zentrum für Planung und Evaluation Sozialer Dienste der Universität Siegen, Siegen, 2001

Seifert, M, 2000: Hilfe nach Maß? Hilfebedarf, Individuelle Hilfeplanung, Assistenz, Persönliches Budget, Tagungsbericht DHG-Fachtagung, Deutsche Heilpädagogische Gesellschaft e.V. (DHG) (Hrsg.), Mainz, 2000, S. 17-29

Seifert, M, 2006: Lebensqualität von Menschen mit schweren Behinderungen Forschungsmethodischer Zugang und Forschungsergebnisse, Zeitschrift für Inklusion, Nr. 2, 2006

Seifert, M, 2009: Forschung zur Angebotsqualität im Bereich des Wohnens von Menschen mit schwerer Behinderung, Empirische Forschung im Kontext geistiger Behinderung, Frauke Janz und Karin Terfloth (Hrsg.), Heidelberg, 2009, S. 73-92

Steiner, G, 1999: Selbstbestimmung und Assistenz, Gemeinsam Leben 1999, Heft 3, S. 104-110

Stockner, H, 2011: Persönliche Assistenz als Ausweg aus der institutionellen Segregation von Menschen mit Behinderung, Vorschläge für eine bundeseinheitliche Regelung zur Persönlichen Assistenz, Endfassung, Innsbruck 2011

Umsetzung der UN-Behindertenrechtskonvention, Aktionsplan des Landes Steiermark Phase 1: 2012–2014, 2012: Amt der Steiermärkischen Landesregierung, Abteilung 11 – Soziales (Hrsg.), Graz, 2012

Waldschmidt, A, 2003: Selbstbestimmung als behindertenpolitisches Paradigma – Perspektiven der Disability Studies, Bad Heilbrunn, 2003, URL: http://www.bpb.de/apuz/27792/selbstbestimmung-als-behindertenpolitisches-paradigma-perspektiven-der-disability-studies

WHOQOL - measuring quality of life, the world health organization quality of life instruments (the whoqol-100 and the whoqol-bref), WHO, 1997, URL: http://www.who.int/mental_health/media/68.pdf, aufgerufen am 20.02.13

10.1. Internetquellen

Persönliches Budget, Informationsblatt der Stadt Graz URL: http://www.graz.at/cms/dokumente/10024949_445570/54aa0807/Persoenliches_Budget_Info.pdf, aufgerufen am 09.02.13

vgl.http://www.ris.bka.gv.at/Dokument.wxe?Abfrage=LrStmk&Dokumentnummer=LRST_9210_008#header, aufgerufen am 09.02.13

http://www.slioe.at/wer/geschichte.php, aufgerufen am 23.02.13

http://www.medialine.de/deutsch/wissen/medialexikon.php?snr=2741, aufgerufen am 10.06.13

http://lexikon.stangl.eu/7260/rosenthal-effekt/, aufgerufen am 10.06.13

http://lexikon.stangl.eu/829/self-fullfilling-prophecy/, aufgerufen am 10.06.13

11. Abbildungs- und Tabellenverzeichnis

Abbildung 1: Wohlfahrtspositionen nach Zapf (Zapf, 1984, S. 25, aus Oberholzer, 2013, S. 152) 11

Tabelle 1: Das kLQ-Wirkmodell: Wie entsteht Lebensqualität?/proEval 2010, eigene Darstellung, entnommen, Hennessey, R, Mangold, R, 2012, S. 32 15

Abbildung 2: Bezugsrahmen zu Erforschung von Lebensqualität (in Anlehnung an Felce & Perry 1997, zitiert in Seifert, 2000, S. 18) 16

Abbildung 3: Ausgestaltungsoptionen für Persönliche Budgets, aus Kaas & Fichert, 2003, S. 310 29

Abbildung 4: Ablaufmodell zusammenfassender Inhaltsanalyse, Quelle: www.soziologiker.de, aufgerufen am 10.07.2013 46

Abbildung 5: Gegenüberstellung von induktiver und deduktiver Kategorienbildung (entnommen aus Mayring, 2000, zitiert in Ramsenthaler 2013, S. 29) 48

Tabelle 2: Demographische Daten der Interviewteilnehmer 52

Tabelle 3: Familie und Wohnsituation 53

Tabelle 4: Behinderung 54

Tabelle 5: persönliche Assistenz 54

12. Anhang

12.1. Interviewleitfaden

- Wie lange leben sie schon mit persönlicher Assistenz im Arbeitgebermodell?

Bedeutung von Lebensqualität und Gesundheit

- Was heißt Lebensqualität für sie?

- Was heißt Gesundheit für sie?
  seelische und körperliche Verfassung, Leistungsfähigkeit und Widerstandskraft gegen Krankheiten, Schmerzen, Schlaflosigkeit?

Leben vor persönlicher Assistenz?

- Wie haben sie vor persönlicher Assistenz gelebt?
  Wohngemeinschaft
  Pflegeheim
  Andere „stationäre" Einrichtung
  Zu Hause

- Wie würden sie die Lebensqualität in der WG/Pflegeheim/ Behinderteneinrichtung … mit Schulnotensystem beurteilen. (1= sehr gut / 5= nicht genügend)

Vor- und Nachteile persönlicher Assistenz?

- Warum möchten sie mit persönlicher Assistenz leben – Vorteile?

- Wo sehen sie die größten Schwierigkeiten / Herausforderungen bei einem Leben mit persönlicher Assistenz?
  Personal
  Behörden (Weitergewährung, Jahresstundenanzahl …)
  Organisation
  Dienstpläne

- Wirken sich diese Schwierigkeiten / Herausforderungen auf ihre Gesundheit und oder Lebensqualität aus?

- Welche Schwierigkeiten hat es bereits vor dem Leben mit persönlicher Assistenz gegeben?

- Wie gehen sie mit diesen Schwierigkeiten heute - mit persönlicher Assistenz -um?

- Welche Konfliktsituationen treten in der Beziehung mit den AssistentInnen auf? Freiraum / Zeit für sich / bezahlte Freundschaft

Finanzielles

- Kommen sie mit den finanziellen Mitteln des persönlichen Budgets aus?

- Werden sie außer von ihren AssistentInnen bei ihrer Alltagsgestaltung von Dritten Personen/ Organisationen / Vereinen unterstützt?
  Heimhilfe
  Angehörige / Familie

Wünsche / Veränderungen

- Welche Veränderungen bezüglich persönlichen Budgets würden sie sich wünschen? mehr Geld / Information / AssistentInnenpool ...

- Wenn Sie ihre aktuelle Lebensqualität mit Schulnoten beurteilen – welche Note würden sie vergeben? 1=sehr gut / 5=nicht genügend

- Was müsste sich in ihrem Leben ändern, damit sie die optimale Lebensqualität (1 sehr gut) erreichen könnten?

Allgemeines:

Wie viele AssistentInnen haben sie beschäftigt
Was machen sie beruflich
Männlich:
Weiblich:
Wohnsituation: (alleine / bei den Eltern bzw. Verwandten / mit Partner / Haustiere)
Alter:
Art der körperlichen Behinderung (Diagnose)